Allegria

Die Autorin

Nicole Schöfmann ist seit 1996 hauptberuflich als Tierkommunikatorin, Heilerin, Meditationslehrerin, Medium und Seminarleiterin tätig. In dieser Zeit war es ihr möglich, vielen Tieren und Menschen auf deren Weg zu helfen. Die Gabe, mit Tieren zu sprechen, hat sie von Kindheit an. Es war ihr schon als kleines Mädchen möglich, die Aura der Wesen in ihrer Umgebung zu sehen, Geschehnisse vorherzusagen und mit ihren Freunden, den Tieren, zu kommunizieren.

Durch die Gespräche mit ihren tierischen Freunden wurde ihr immer auch der feinstoffliche/energetische und körperliche Zustand eines Tieres bewusst. Die Ursachen von Krankheiten, Verhaltensproblemen und Schockzuständen im Einklang mit der Seele des Tieres zu behandeln, begann ein weiterer Teil ihrer Arbeit zu werden.

Weitere Informationen zur Autorin unter
www.sunriseschule.de

Von der Autorin sind in unserem Hause erschienen:
Hundeflüstern *(Allegria)*

Die 7 Spirituellen Gesetze der Lichtarbeit
Katzenflüstern
Das Geheimnis von Licht und Schatten

Katzenflüstern (CD)
Hundeflüstern (CD)

Nicole Schöfmann

Die Sieben Spirituellen Gesetze der Lichtarbeit

Ullstein

Besuchen Sie uns im Internet:
www.ullstein-taschenbuch.de

Allegria im Ullstein Taschenbuch
Herausgegeben von Michael Görden

FSC
Mix
Produktgruppe aus vorbildlich bewirtschafteten Wäldern und anderen kontrollierten Herkünften
www.fsc.org Zert.-Nr. GFA-COC-001278
© 1996 Forest Stewardship Council

Dieses Taschenbuch wurde auf FSC-zertifiziertem Papier gedruckt. FSC (Forest Stewardship Council) ist eine nichtstaatliche, gemeinnützige Organisation, die sich für eine ökologische und sozialverantwortliche Nutzung der Wälder unserer Erde einsetzt.

Die Autorin dankt Katharina Maiss für ihre freundliche Unterstützung.

Ullstein Taschenbuch ist ein Verlag der
Ullstein Buchverlage GmbH, Berlin.
Originalausgabe im Ullstein Taschenbuch
1. Auflage Oktober 2010

Umschlaggestaltung: FranklDesign, München
Umschlagillustration: Schöfmann & Frankl
Gesetzt aus der Sabon
Satz: LVD GmbH, Berlin
Papier: *Pamo Super* von Arctic Paper Mochenwangen GmbH
Druck und Bindearbeiten: GGP Media GmbH, Pößneck
Printed in Germany
ISBN 978-3-548-74432-2

Für E., der in uns allen ein Universum aus Liebe erschaffen hat

Inhalt

Einführung

Eines der Bilder in meinem Hamburger Büro zeigt die Abschrift eines Stammbaumes, der weit in die Vergangenheit reicht. Die lange Schriftrolle, die in arabischen Zeichen auf Noah und seine Nachkommen verweist und diese in filigranen Bögen links und rechts einer Mittellinie anordnet, ist vier Jahrhunderte alt. Die Stammväter der Menschheit wie Abraham und Moses sind hier erwähnt und ebenso die Propheten, jene geistigen Führer, die Gott zu seinem Sprachrohr gemacht hat und denen sich einzig ein Engel Namens Gabriel offenbarte. Die zarte Schrift auf dem verwitterten Papier beginnt vor zweitausendfünfhundert Jahren und endet 1960. Das Original liegt im staatlichen Museum in Teheran.

Viele liebe Menschen, Freunde, Seminarteilnehmer und Klienten, deren Kinder und Tiere bewundern dieses Bild. Sie kommen, um mich um Rat für ihre Probleme zu fragen, einen konkreten Blick in ihre Zukunft zu erhalten oder zur Behandlung von Krankheiten. Es dauert nicht lange, und sie bemerken den großen goldenen Rahmen, wohl auch, weil er auf dem Boden steht, sich gegen die Wand lehnt.

Die wahre Aufmerksamkeit fordert die Energie des

Bildes ein. Eine Heiligkeit und Würde lenkt den Blick auf sich. Einige Menschen sehen auf das Bild, während wir sprechen, so als ob sie eine Antwort erwarten. Fremde, die seine Bedeutung nicht kennen, schweifen immer wieder ab und suchen in kleinen Pausen nach einer Erklärung für seinen Zauber.

Der Stammbaum ist vollkommen, weil er den Menschen und seine Geschichte zeigt.

Weil wir diese Geschichte vergessen haben, wird sie durch viele andere Geschichten ersetzt.

Anstelle feingetuschter Zeichen wollen wir Wunder und Effekte sehen.

Jeder Schriftzug, jeder Name eines Propheten hat eine neue Bedeutung gewonnen.

Die Verbindung zu den Ahnen wurde zum Ich-Gedanken. Statt an Engel glauben wir an die effektvollen Offenbarer unserer Zeit, an Geld und Erfolg, und aus den Göttlichen Regeln wollen wir nur das lesen, was Erfüllung durch schnelles Glück bringt.

Nichts von alledem kann Gott und seine Führung für den Menschen ersetzen. Das Spüren von Licht, die klare innere Stimme, die jeden Einzelnen sicher durch das Leben führt und die Liebe, die wir erfahren, ist sein Leben in unseren. Heute wie zur Zeit Noahs sind die Offenbarungen der Engel gültig, und immer noch wirken ihre Mittler, die Propheten, durch ihre Menschlichkeit auf uns. Buddha, Jesus, Mohammed sind immer noch hier.

Sie sind Menschen wie du und ich, die gelitten haben, die Ängste durchlebten und deren Gedanken von Selbstzweifeln erfüllt waren – bis zu dem Tag, an dem sie sich ihrer Aufgabe bewusst wurden und die Stimme

Gottes hören wollten. Sie öffneten sich für die Offenbarung eines Engels und nahmen von nun an die Gabe der Prophetie in ihrem Leben an. Auf diese Weise wurden über die Jahrtausende viele sehr konkrete Botschaften für die Menschheit empfangen. Die Grundlage dieser Botschaften sind die Sieben Spirituellen Gesetze der Lichtarbeit. Sie bilden meine Erkenntnis, die ich dir schenken möchte.

Als ich sie entdeckte, war ich genau wie du auf der Suche nach Wahrheit. Ich habe mich auf eine Suche nach Gott begeben und mein Leben seiner Führung anvertraut. Es war die bedeutendste Entscheidung. Mit den üblichen Ängsten, großem Ego und totaler Unwissenheit machte ich mich auf den Weg. Was ist der Sinn meines Lebens und gibt es Gott wirklich? Wie kann ich mich selbst verwirklichen? Was brauche ich, um glücklich zu werden? Wie jede Frau, jeder Mensch, habe ich mir diese Fragen gestellt.

Heute, 20 Jahre später, kenne ich die Antworten auf alle meine Fragen, die Fragen selbst habe ich auf dem Weg verloren. Vielleicht hat es sie nie gegeben.

Wie jeder Mensch an diesem bedeutsamen Punkt suchte ich spirituelle Führung, und ich hatte Idole.

Der Dalai Lama war ein Idol, dabei wusste ich nicht, dass ein Lama mein späterer Lehrer werden würde. Den Sufismus entdeckte ich in Paris, ich musste aber in das Elbruzgebirge reisen, um ihn zu verstehen. Die Kabbala wurde der Rote Faden, die Erklärung für alle Dinge, ein Rabbiner mein Lehrer. Die Navajo-Indianer haben mich gelehrt, Gott in all seiner Schöpfung zu erkennen.

Der Islam wurde zu meiner Muse und Gabriel, der Verkündiger des Korans, zu meinem Engel.

Es ist mein Wunsch, das außergewöhnliche Wissen dieser Lehrer an alle Menschen zu geben.

Es ist einfach, es ist klar und steht jedem offen. Egal an welchem Punkt du in deinem Leben stehst, es wird dich führen und dein Bewusstsein für das Licht und den Sinn deines Lebens öffnen. Du kannst sehen, spüren und für dich erkennen, wie die Sieben Spirituellen Gesetze wirken. Ich sehe hinüber zu dem Stammbaum hinter Glas, die Schriftzeichen beginnen zu leuchten, die Propheten sprechen immer noch zu uns.

Das Erste Spirituelle Gesetz:

GOTT ERKENNEN

Im Erkennen von Gott offenbart sich die Lichtarbeit

In dem Garten, den man später Eden nannte, wiegte ein sanfter Windhauch Zypressen, Oleandersträucher und alles andere Gewächs zärtlich in seinem Schoß. Die Luft war erfüllt von den wundersamen und heiligen Gerüchen des Paradieses, die sich mit der Bewegung des Windes in Kaskaden erhoben, um dann mit einem leisen Seufzen die Landschaft in ihren Duft zu hüllen. Die wilden und namenlosen Vögel tänzelten in der Luft, jeder Flügelschlag eine Lobpreisung des Schöpfers, jede Bewegung der Wunsch, die Aufmerksamkeit der Sonne auf sich zu ziehen. In den wenigen Augenblicken der Ruhe berührte einer von ihnen die feuchte Erde mit ihrem nassen Grün und liebkoste sie durch seine Futtersuche zärtlich. Der Wurm, den er mit seinem Schnabel sorgsam aufpickte, war unsterblich, genau wie der Vogel selbst. So erfuhr sich die Schöpfung im Garten Eden immer neu, ohne zu altern und ihrer selbst überdrüssig zu werden.

Auch Adam, der Erste und Perfekte unter den Menschen wurde dieser Szene nicht müde. Wie alles um ihn herum erfüllte sie ihn mit einer absoluten Liebe für den, der die Welt erschaffen hatte.

Seine Hände hatten eine tiefe Sehnsucht, die Erde, die Pflanzen und Tiere anzufassen, um die Dinge zu begreifen, und doch tat er es nicht, weil Gott es ihm verboten hatte. Also wandelte er ziellos umher. Es gab nichts, was er tun musste, nichts, was er wollte und keine Forderung in ihm, die ihn mit dem späteren Menschen gleichsetzen würde. Er war perfekt, weil Gott ihn auf diese Weise geschaffen hatte.

Wie an jedem Morgen begann auch heute die Erde zu zittern, das Beben führte ein Echo mit sich, ein leises Jubilieren der reinsten Stimmen, das langsam näher kam. Adam wie auch die Tiere wandten sich um, wo sie gerade standen und lagen. Die Erschütterung wurde immer stärker, die Tiere, groß und klein, fielen auf die Vorderläufe und senkten ihr Haupt wie ein Hofstaat, der dem Erscheinen seiner höchsten Majestät in Freude und Ehrfurcht entgegensieht.

Selbst die Vögel, die Insekten und die, die zu klein für das Auge sind, kamen zur Ruhe und senkten ihre Köpfe. Alle Bewegung der Lebenden kam zu einem Stillstand.

Adam war auf die Knie gefallen und senkte sein Haupt. Wenn er gewusst hätte, was Tränen sind, hätte er das Wasser auf seinen Wangen deuten können. Kindlich und rein weinte er, während seine Stirn die Erde berührte. Endlich erschien ein Schwarm rauschender Engel, der frohlockte, um dann zu verstummen, als Gott erschien, unfassbar und strahlend.

Eine Stimme befahl ihm, sich zu erheben und eine Hand aus Licht, unendlich größer als die seine, zog ihn von der Erde empor. Von Gott erhoben scheute er den Blick.

Ein kurzes Licht streichelte ihn. Adam antwortete mit dem Öffnen seiner Augen. Zuerst konnte er nichts erkennen, dann gewöhnte er sich an die Helligkeit, die langsam Form gewann. Er sah Räder aus Licht, die vor ihm schwebten. Zwischen diesen Lichtern erkannte er andere; diese hatten eine Gestalt, die seiner ähnlich war, nur um ein Vielfaches größer als er selbst. Sie waren Freunde der Vögel, denn an ihnen waren Dutzende von Schwingen, die den Wind erzeugten, den er aus dem Garten kannte.

Zwischen all den Engeln, die sich nun vor Adam auftaten und die zu erkennen ihm an diesem Tag zum ersten mal erlaubt war, befand sich noch etwas anderes. Wenn er versuchte, es zu deuten, schlug sein Herz wild in seiner Brust, und sein Körper begann zu zittern. Er blinzelte deshalb nur in seine Richtung, und sobald er dies tat, wurde das Beben, die Freude in seinem Herzen stärker. So wie die Hand ihn erhoben hatte, hob sie nun zärtlich sein Kinn an, damit er sehen konnte. Was er erblickte, war etwas Riesiges, das in den Himmel ragte. Er begriff, dass es ein Wesen war, gebaut wie er selbst, von unendlicher Größe. Die Hand, die er zu spüren glaubte, war ein Lichtstrahl, der ihn gerufen und erhoben hatte, Gott zu sehen. Eine Stimme war in seinem Kopf, sehr nah, es war der erste Gedanke, den er je dachte. Und er begann zu denken. Die wunderbarsten Dinge begannen sich in seinem Kopf zu formen. Er sah um sich und wollte den Lichtern Namen geben. Er sah auf die knieenden Wesen, die seine Freunde waren, und er erkannte sie als

Tiere. Er wollte sie benennen, sie umarmen und hegen und ihnen von der Liebe geben, die er selbst erfahren hatte. Gott hatte ihn zu seinem Propheten gemacht.

In Adam, dem Ersten und Reinsten unter den Menschen, brannte Gott wie ein Feuer, das seinen Geist in ein neues Bewusstsein erhob. Mit jedem Atemzug nahm er diese Kostbarkeit in sich auf und spürte eine Liebe, aus der Gott ihm nun ein Zweites schuf.

Jetzt hatte sein Licht ein Gefäß, etwas, das es füllen konnte und das seine Liebe verletzlich, zart und doch unendlich reflektierte. Sein Wesen war dem Evas zugewandt. Der Schöpfer führte Adam und Eva, die wie Kinder im Bann des anderen erstarrt waren, aus einem Paradies, das sie bereits durch das Erkennen ihrer selbst vergessen hatten.

Das Erste Spirituelle Gesetz – Gott begegnen

Das Erkennen von Gott ist das Vermächtnis von Adam und Eva, ist jene Sehnsucht nach Licht, die auch in deinem Herzen wohnt. Dies Gefühl der Wärme und der Gewissheit weicht niemals aus unserem Bewusstsein, denn der Gott Adams ist auf Ewigkeit mit uns verbunden.

Seit jener Zeit offenbart sich Gott durch die Nachfahren jenes Paares, den Propheten, jenen geheimnisvollen Mittlern, die ich als Kind in legendären Hollywoodfilmen bewundern durfte und die mich als Erwachsene durch ihr Leben und Wirken in ihren Bann gezogen haben. Sie sind die Begründer der Lichtarbeit, die lange vor unserem Verständnis der Spiritualität genaue Anleitungen für den Aufbau von Licht, für die Meditation und die Verbindung zu Engeln offenbart haben.

Diese Offenbarungen sind getragen von einem Licht, das jenseits unserer Vorstellungskraft liegt. Es ist die Hand Gottes, die uns durch das Licht erreicht. Von dieser Hand werden wir unser ganzen Leben lang berührt. Geben wir uns hin und vertrauen, trägt sie uns über alle Widrigkeiten hinweg, und wir sind als Menschen eins mit dem Licht, denn wir haben Gott erkannt. Die Sieben Spirituellen Gesetze lassen uns zu dieser Einheit mit dem Licht gelangen, denn sie beruhen auf den Schriften der Propheten, den heiligen Texten, die das Wissen um die Verbindung mit Gott in sich tragen. Diese alten Texte und ihre Lehren wirken wie ein Schlüssel, der das Bewusstsein für eine höhere Wahrnehmung des Lichts öffnet. Nur durch diese Wahrnehmung, die wir auch Erkenntnis nennen, können wir Licht aufbauen. Nur durch sie können wir die lichtvolle Schöpfung von Antischöpfung unterscheiden und zur Lichtarbeit finden. Erst wahre Erkenntnis und der damit verbundene Zugang zum reinen Licht ermöglicht es dir, Energie im physischen und feinstofflichen Körper dauerhaft zu speichern.

> *Dreißig Jahre lang suchte ich nach Gott. Dann erkannte ich, dass Er der Suchende und ich der Gesuchte war.*
>
> PERSISCHES SPRICHWORT

Aus diesen Grundlagen entstanden die Sieben

Spirituellen Gesetze, von denen das Erste den Menschen zur Quelle des Lichts und zur Vollendung führt.

Dieses Gesetz lehrt dich, Gott in deinem Leben zu erkennen. Du siehst dich als Teil der Natur, spürst Gefühle wie Liebe, Freude, Trauer in Mensch und Tier und empfindest mit ihnen. Du erkennst dich selbst in allem Leben und fühlst dich mit allem Leben verbunden. Dieses bewusste Erkennen erfordert von sich selbst abzulassen und der Berührung des Lichts zu folgen.

Alle Sehnsüchte des Ichs müssen beiseite treten, wenn du Gott erkennen willst, denn sieh selbst, wie wunderbar seine Schöpfung ist. Jedes Leben ist von seinem Licht genährt und strebt danach, ein Teil von ihm zu sein. Er spricht zu uns und sagt: Komm atme tief ein, wende dich mir zu und werde ein Teil von allem. Dieser Atemzug, mit dem wir uns für das Licht entscheiden, ist der Anfang aller bewussten Lichtarbeit.

Nach den Worten des Engels Gabriel sind wir Menschen mit einer tiefen Sehnsucht nach Gott in uns erschaffen. Deshalb wollen wir Liebe und Zuwendung und aus diesem Grund wenden wir uns der Lichtarbeit zu. Wenn du dich fragst, ob die große Liebe zu dir findet, ob du Kinder auf deinem Arm halten wirst und mit wem du dein Leben teilen sollst, dann spürst du den Wunsch, Gott zu erkennen. Du spürst, dass Gott sich durch die Liebe in der Schöpfung offenbart.

Dieses zarte Erkennen verliert sich leicht im Alltag. Es weicht dem, was dir als sicher erscheint und was du greifen kannst, und übertönt deine innere Stimme, die du nur im Stillen hören kannst. Sie ist es, die dich immer wieder an das Licht erinnert. Erlaubst du dir, sie zu überhören, dann vergisst du, dass Gott existiert, der dich führt und über dich wacht. In diesen Momenten hast du Angst vor deinen Gefühlen, es fällt dir schwer, bedingungslos an Gott zu glauben. Doch deinen Gott kannst du nicht vergessen. Denn die Verbindung zu seinem Licht, deine Seele ist für alle Ewigkeit in dir.

Gott zu erkennen heißt ihn zum Vertrauten zu machen, im Gebet zu ihm zu sprechen und ihm zu erlauben, deine Ängste und Zweifel von dir zu nehmen. Nimmst du Gott als Quelle deines Lichts an, wirst du von diesen Gefühlen geheilt. Sicher kennst du die Momente, in denen dein Herz nicht normal zu schlagen scheint, sondern einen höheren Puls, einen Göttlichen Rhythmus aufnimmt. In diesem Augenblick lässt du deine Angst los und nimmst Gott an. Öffnest du dich weiter, spürst du unendliche Liebe durch dich fließen, einen Strom, der niemals enden wird und der die Kraft deiner Lichtarbeit ist. Diese Energie tragen wir immer in uns, sie steht uns immer zur Verfügung. Egal an welchem Punkt du dich in deinem Leben siehst oder wie du dich fühlst, das Licht ist in dir und wartet darauf, erweckt zu werden. Dieser Puls schläft bis zu dem Augenblick, an dem du von deinen Sorgen und Nöten, dem Vergleichen mit anderen ablässt und nur du selbst bist. Lass diese Öffnung nur einen Moment, eine winzige Sekunde zu und du beginnst zu verstehen. Dann siehst du Energiefelder, spürst die Aura deines Tieres und fühlst dich geführt. Dein Engel ist dann keine Wunschvorstellung, sondern steht klar sichtbar neben dir, um deine Hand zu halten. Vertraue deinem Gott und lasse deine Ängste los. Lege deine Hand in die des Engels und spüre, wie dein Bewusstsein von einer höheren Kraft durchdrungen wird.

Der Anfang aller Lichtarbeit

Wenn du Gott in deinem Leben wahrnimmst, beginnt die Lichtarbeit. Lichtarbeit in ihrem ursprünglichen Sinn ist angewandter Glaube. Sie hat nichts mit den Vorstellungen der westlichen Lichtarbeit zu tun; Normen, Meister und Hierarchien sind ihr nicht wichtig. Stattdessen zählt, wer du bist, denn dein Licht ist in der Schöpfung einzigartig. Niemand kann bewirken, was in deinen Fähigkeiten liegt, wenn du deine Verbindung zum Licht angenommen hast. Versuche daher nicht, zu spüren wie alle anderen, klammere dich nicht an Begriffe, Engelnamen und Lichter, die du nicht wirklich sehen kannst. Beginne mit dem, was realistisch ist, mit dem Erkennen des Lichts in dir.

In der Lichtarbeit gibt es drei Punkte, die eine besondere Achtsamkeit erfordern. Sie ermöglichen dir, dein Licht dem Wunsch deiner Seele entsprechend wachsen zu lassen. Diese drei Punkte sind: das Erarbeiten von spirituellem Wissen, das praktische Anwenden dieses Wissens und das Gebet, die Meditation. Das ständige Erweitern von spirituellem Wissen ist nötig, um die eigene Geistige Entwicklung zu verstehen und spirituelle Eindrücke zu verarbeiten. Das Handeln nach lichtvollen Prinzipien und die Meditation verhelfen zum tatsächlichen Einbringen von Licht in deinem Alltag, sie machen die Lichtarbeit aus. Der Engel Gabriel sagt uns hier, dass es um wirkliche Veränderungen im Leben eines Menschen geht und nicht um eine Spiritualität, die der eigenen menschlich begrenzten Vorstellungskraft entspricht.

Ein Wissen, das deine Seele berührt, kannst du erlangen, wenn du dich bewusst bildest. Von alters her sind Lichtarbeiter auch spirituell gebildete Menschen. So müssen die Mönche der buddhistischen Klöster ihre Kultur und ihrem Glauben kennen, um die Energien, die ihren Geist berühren, klar zu unterscheiden. Nur dadurch können sie ein Licht aufbauen, das unabhängig von den Umständen ihres Lebens ist. Ein Rabbiner, ein jüdischer Lehrer, benötigt mehrere Jahrzehnte, bis er in seinen Energien gefestigt ist.

> *Rufet Allah an oder ruft den Erbarmer an – wie ihr Ihn auch nennen mögt: Sein sind die schönsten Namen. Und bete nicht zu laut – und auch nicht zu leise, sondern halte den Weg dazwischen ein.*
>
> KORAN, SURE 17 : 110

In jeder Kultur, in der ein Prophet gewirkt hat, wurde den Menschen ein besonderes Wissen offenbart. Es sind Quellen des Lichts, die uns erlauben, den Plan der Schöpfung und unser Dasein in ihr zu verstehen. Das Studieren des eigenen und fremden spirituellen Wissens ist daher wichtig für den Aufbau von Licht.

In den Texten, die den Propheten durch Engel übermittelt wurden, ist die Öffnung für die lichten Energien der Schöpfung enthalten. Sie leiten unser Denken, unser tägliches Leben und den Umgang mit dem Licht.

Die Umsetzung des Wissens bedeutet für alle Menschen, nach den Göttlichen Anweisungen zu handeln.

Sie fordern uns auf, eine klare Haltung zum Licht einzunehmen und Entscheidungen zu treffen. Sie lassen uns Ursache und Wirkung erkennen und verwehren den Rückzug in die eigene Unwissenheit. Wenn du spirituelles Wissen aufnimmst, erkennst du das Licht im Alltag. Du spürst, dass jede Handlung unweigerlich zu Gott oder weg von ihm führt und dass es keine Grauzone gibt.

Die Umsetzung des Wissens ist daher eine aufregende Herausforderung. In meinem Leben habe ich mit Lehrern der verschiedensten Kulturen leben, lernen und studieren dürfen. Eine Schwierigkeit für mich als westlichem Menschen war es zu akzeptieren, dass es ein Lichtwissen gibt, das überall auf der Welt ähnlich ist und doch mit unseren Vorstellungen von Lichtarbeit wenig gemein hat. Es ist alt, es reicht zurück bis in die Ursprünge der Menschheit und hat in vielen Kulturen überlebt.

Die Anwendung des Wissens aus den Heiligen Schriften der Kulturen, den Offenbarungen und der Engelkunde ist es, die deine Energien zum Wirken bringt. Deshalb sind das Gebet und die Meditation von unschätzbarem Wert. Sie helfen uns, die Gedanken immer wieder auf Gott und weg von unseren Ängsten und Sorgen zu richten.

Im Gebet oder in der Meditation findet auch das Transformieren von belastenden Energien und das

Aufnehmen und Aufbauen von lichtvollen Energien statt. Wenn du regelmäßig meditierst, kannst du dich deutlich besser konzentrieren. Du bist klar in der Unterscheidung von lichten und dunklen Energien und absorbierst weniger Kraft von deiner Umwelt. Die richtige Meditation ist wie ein Gebet, ein sich Hingeben an Gott. Zu Anfang ist es schwierig, die Gedanken und der Körper können sich schwer in etwas fallen lassen, was ihnen keinen direkten Nutzen zu bringen scheint. Geist und Körper sind zu Beginn der Lichtarbeit derart eingestellt, dass sie sich ständig spüren und etwas erleben wollen.

Diese egoistischen Gefühle können sehr mächtig werden. Zu Beginn meiner spirituellen Entwicklung war ich für einige Wochen in einem Nonnenkloster in Kambodscha. Es viel mir wirklich schwer zu meditieren, in dem Meditationsraum wanderte mein Blick ständig von den Holzdielen zur reich bemalten Decke und wieder auf meine Hände zurück. Ich konnte den Ballast spüren, das Gewicht meiner Verpflichtungen als westlicher Mensch, und ich spürte das Licht in mir, das ich hervorbringen wollte. Dann, mit einem Mal, begriff ich, was mein Leiden war: meine Unfähigkeit, Gott klar für mich zu erkennen, weil ich nur mich selbst sah. Ich verstand, dass mein Geist so lange litt, wie ich mich gegen Gott stellen würde, was ich mit meinen ständigen Gedanken tat, die sich lieber mit allem anderen als mit Gott direkt beschäftigten. Ich wollte das Licht, nicht aber die Auseinandersetzung mit Gott. Schließlich stellte ich meine Wünsche zurück, ließ die Begegnung mit Gott zu meinem Ziel werden und begann zu meditieren. Und mit einem

Mal war es ganz leicht, nachzugeben und das Licht, die Verbindung zu Gott zu sehen.

Heute ist meine Meditation nicht vom Alltag getrennt. Sie ist ein Zustand der Verbindung, den ich immer zu bewahren suche.

Das Meditieren hilft auch dir, deine unklaren Gefühle loszulassen und negative Energien bewusst abzubauen. In der richtigen Meditation geben wir uns Gott hin. Diese Hingabe ist ein Loslassen von allem, was wir als Menschen sind, wir gehen über in ein Einssein mit der Quelle allen Lichts und lernen, diese Energien in unseren Körper einzubringen. Lasse es zu deinem Bedürfnis werden, Gott Zeit zu geben und ihm in deiner Meditation zu begegnen. Wenn wir unseren Sorgen und allen möglichen Themen Zeit geben, warum nicht auch Gott?

Du bist ein lichtvoller Teil der Schöpfung

Sowie du Gott in deinem Leben siehst, wird er dir begegnen. Auf deinem Erkennen, deinem Glauben an Gott baut deine Fähigkeit auf, Licht in der Schöpfung wahrzunehmen. Erst wenn du dich weg von deinen Ängsten und Bedürfnissen bewegst, kannst du deinen Platz in der Schöpfung sehen und einnehmen.

Alle Lebewesen sind winzige Teilchen in der Schöpfung, in einem großen Organismus. Dein Leben erscheint dir vielleicht nur wie ein Lichtfunke. Aber wer bist du, um zu beurteilen, ob du nicht für andere wie eine Sonne strahlst? Nur wenn du verstehst, dass alles mit allem in Verbindung steht, nutzt dein Erkennen von Gott. Es führt zu nichts, selbstherrlich darüber nachzudenken, ob man mit einer anderen Person in Resonanz steht. Viel wichtiger ist es, das eigene Licht anzunehmen und aktiv zu nutzen. Ich schlage vor, du lässt dich auf etwas Größeres ein und siehst dein Leben als Aspekt des Lichtes, das wir Gott nennen.

Das Annehmen von Gott

Das Annehmen von Gott ist etwas, das uns vom Gedanken her natürlich und normal erscheinen mag und doch für viele Menschen außerordentlich schwer ist. Wut, Zweifel oder einfach nur das Gefühl, dass Gott ungerecht ist, bilden den Ursprung dieser Haltung. Vielleicht bedenkst du, dass vieles, was du nicht begreifen kannst, außerhalb deiner Wahrnehmung geschieht, dass Karma auf dich wirkt, das du selbst aus Gründen, die nur deine Seele kennt, erschaffen hast. Möglicherweise kannst du verstehen, dass jede emotionale Wahrnehmung begrenzt und egoistisch ist, da sie deinem Spüren dient. Die meisten Menschen verbringen ihr Leben unter einer Art Glasglocke und sind mit ihren Gefühlen und Gedanken beschäftigt. Führst du dein Leben auf diese Weise, dann darfst du dich nicht wundern, dass du keinen Engel siehst, und dass dir die Meditation, Tierkommunikation oder andere Dinge schwer fallen. Die Energie für das höhere Erkennen fehlt dir, weil du sie für dich einsetzt. Ich treffe viele Menschen, die sich lieber mit dem Namen und Aussehen ihres Geistigen Führers beschäftigen als mit Gott. Viele Seminarteilnehmer fragen mich nach ihren Engeln, den Farben ihrer Aura und vielem mehr, aber die wenigsten Fragen nach ihrem Gott, wer oder was er ist und wie sie die Verbindung zu seiner Kraft stärken können. Umso mehr freue ich mich, wenn sich nach einer Zeit ihr Herz für eine Begegnung mit dem Licht öffnet und die Sehnsucht nach Gott erwacht. Gerade zu Beginn der Lichtarbeit geht es nicht darum, das Licht zu sehen, es geht darum, dem Licht zu vertrauen, um Gott dahinter zu spüren.

Wenn ein großes Ich brennt, macht das eine Menge Lärm. Ein kleines Ich brennt leise. Brenne im Inneren, leise. Mach dich klein, und du wirst größer. Wisse, dass du nichts bist, und du wirst unendlich. Mach zumindest keinen so großen Wind um dich selbst. Umso näher wirst du der Wahrheit sein.

RABBI MENACHEM SCHNEERSON

Vor langer Zeit hatte ich ein Gespräch mit einem alten Mann in Mashad, einem Heiligtum im Iran. Er saß auf dem Vorhof des Geländes und hatte auf einem Teppich ein Dominospiel ausgebreitet. Meine Aufmerksamkeit wurde von dem Licht gefangen, das über die silberverzierten Steine in der Sonne reflektierte. Freundlich lud er mich ein, mich zu ihm zu setzen, Tee zu trinken, und wir begannen ein Gespräch. Wir sprachen über den Glauben, das Leben und wie wir, die Menschen in den westlichen Ländern, Gott empfinden. Ich habe ihm erzählt, wie schwer es für die Menschen hier ist, zu glauben, dass sie sich dem Licht zuwenden wollen, aber den Ursprung, die Quelle des Lichts, nicht leicht annehmen können. Da hob er einen der Steine mit bedeutsamer Geste und begann mir folgendes zu erzählen: »Stell dir einen Dominostein vor, der Stein steht hochkant und schräg. Stell dir eine riesige Menge, eine Landschaft solcher Steine vor. Ein Stein lehnt sich an den anderen an. Wenn du das Bild vor dir sehen kannst, dann stell dir vor, dass über der Hälfte der Fläche ein Vorhang hängt und du das, was hinter dem Vorhang ist, nicht mehr sehen kannst.« Ich konnte seinem Bild folgen und begriff …

»Was würden die meisten Menschen nun glauben«, fragte er mich, »dass die Steine dahinter ohne Halt schräg stehen oder dass es hinter dem Vorhang eine Kraft gibt, einen einzigen Stein, der senkrecht steht und alle anderen hält?«

Wenn du Gott annimmst und für dich erkennst, wirst du eine neue, eine befreite Form der Lichtarbeit kennenlernen. Wenn du gerade damit beginnst, dich diesen Dingen zu öffnen, umso besser. Deine Lichtarbeit wird zu etwas, das du nicht von deinem Leben, von deinem Beruf oder deiner Einstellung trennen kannst, denn sie ist nun ein natürlicher Teil deines Lebens, eine Kraft, die dich trägt und dir Mut schenkt, wenn niemand sonst es tut. Du musst dich nicht dogmatisch für deine Lichtarbeit verteidigen oder sie vergleichen, du darfst mit ihr einfach sein.

Du musst nicht beweisen, dass du anders bist. Als Lichtarbeiter lebst du keine revolutionäre neue Idee. Du baust eine Verbindung zu deinem alten Wissen auf, und dieses ist, was du wirklich bist – wahrhaftig.

GEDANKE:

Es gibt nur einen Gott.

1. Lerne, an Gott und das Gute in dir zu glauben

In deiner Seele ist eine Kraft, die schöner und reiner ist als alles, was du von dir kennst. Ihr Name ist Liebe. Diese Kraft steht dir immer zur Verfügung, und du kannst sie nutzen, wenn deine Stärke versagt. Sie hilft dir, zu atmen, wenn der Alltag dich verschlingt, sie ist dein Lebenselixier. Nimm einen tiefen Atemzug und richte deinen Blick nach innen. Warte, bis du Licht siehst, und bitte die Kraft des Engels Gabriel zu dir. Bitte um die Stärke, das Gute in dir zu finden. Bitte um den Mut zur Ehrlichkeit dir selbst und der Schöpfung gegenüber. Sei ehrlich und sieh, wer du bist.

Sprich dann folgendes Gebet:

Er ist der Einzige,
Gott der Alleinige,
er zeugt nicht und wurde nicht gezeugt,
und keiner ist ihm gleich.

KORAN, SURE 112, DIE REINIGUNG,
OFFENBART DURCH ERZENGEL GABRIEL

II. Misstraue deiner Angst, deinem inneren Druck und der Hoffnungslosigkeit

Vieles von dem, was wir für wichtig halten, ist für ein menschliches Leben nicht essentiell. Wenn du den relativen Wert von allen Dingen verstehst, beginnst du den Klang, den Rhythmus und die Harmonie der Schöpfung zu sehen. Nichts von dem, was wir erfinden und erschaffen, ist neu – außer dem Misstrauen gegen die Schöpfung.

Lerne, dein Misstrauen dort einzusetzen, wo es sinnvoll ist. Vertraue Gott, dem Einen, und misstraue allem, was deine Kraft zerstreut.

Deine Ängste, dein innerer Druck oder das Fehlen von Hoffnung sind nicht lichtvoll. Sie sind vielmehr ein Ausdruck davon, wie sehr du Gott aus deinem Leben verdrängt und dein Ego in den Vordergrund gestellt hast.

Sicherlich gibt es Momente des Leidens im Leben eines jeden Menschen. Sie sind die Prüfungen, ob wir wirklich zu Gott wollen und ob es uns gelingt, von den ichbezogenen Gefühlen abzulassen.

Lerne zu fühlen, wie die Engel es tun, indem du nur das uneingeschränkt Gute in der Schöpfung anerkennst.

Atme Liebe anstelle von Angst, Entspannung anstelle von Druck und lerne, an Gott zu glauben anstatt bloß an das, was du dir vorzustellen vermagst. Die Schöpferkraft ist unendlich, aber deine Sinne, über die du alles bewertest, sind von deinen Erfahrungen beherrscht. Vertraue dem Licht. Dort, wo du es nicht sehen kannst, dort, wo du Gott nicht vermutest, ihn weder sehen, noch hören oder spüren kannst, ist er dir am nächsten.

Dann findest du die Kraft, dein Leben durch die Lichtarbeit zu verändern.

III. Vergleiche dich nicht mit anderen, werde du selbst

Der hinderlichste Gedanke zu Beginn des spirituellen Weges ist die Bewertung der eigenen Spiritualität. Dieser Gedanke entsteht ausschließlich, wenn wir unseren Ursprung als spirituelle Menschen vergessen haben.

Wenn einer dem anderen erzählt, was er erlebt oder auf anderer »Ebene« sieht, dann lass dich davon nicht beeindrucken. Für deinen Weg ist das nicht wichtig, und Gott liebt die Sehenden nicht mehr als die Blinden. Vertraue viel mehr darauf, was du in dir spürst und was sich richtig anfühlt. Nach den Lehren der Propheten sehen wir, spüren wir und erfahren wir, wenn unsere Seele bereit dafür ist.

Viele Menschen spüren etwas und benennen es, wie sie es von ihrem Nächsten hören, ohne zu hinterfragen und ohne nach tieferem Wissen zu suchen. Auf diese Weise werden viele Unwahrheiten verbreitet und Menschen in die Irre geführt. Der Wunsch, etwas zu sehen und zu benennen – der Wunsch für die Richtigkeit durch einen Beweis –, entspringt dem Ego und der Angst.

Doch der einzige Weg, Licht von Dunkel und echtes Sehen von imaginiertem zu unterscheiden, ist die Hingabe an Gott. Je mehr du dich öffnest, desto mehr lernst du über dich selbst hinaus zu sehen und Gott wahrzunehmen. Erst dann wirst du einen Engel sehen und seine Botschaft verstehen können.

IV. Versuche, allem mit Liebe zu begegnen

Höre auf damit, morgen mit deinem neuen Leben beginnen zu wollen. Wie kannst du nur einen Augenblick der Hingabe an Gott und an deine Mitlebewesen zurückhalten?

Werde dir bewusst, wie sehr die Welt darauf wartet, dass gerade du dich öffnest und deine Kraft der Liebe in die Schöpfung einbringst. Auch wenn du es vielleicht nicht sehen kannst oder deine höheren Sinne noch nicht entfaltet sind, Gott und die Engel warten auf die unermessliche Liebe, die deine Seele zu geben bereit ist.

Der einfachste Weg, sie zu entfalten, ist, du selbst zu werden, ein Selbst, das in seiner Reinheit keine Negativität und keine Zweifel kennt. Deshalb, und weil du nicht weißt, wie lange du noch die Gelegenheit zu lieben hast: Beginne jetzt. Für Gott gibt es keinen Feierabend, kein Wochenende und keine Ferien, an denen du möglicherweise und unter passenden Umständen die Kraft hast, liebend zu sein. Das Leben geschieht im Jetzt und ebenso die Liebe.

V. Nimm dir Zeit für dein Erkennen

Auf dem Weg ins Licht gibt es kein zu langsam. Es gibt nichts, was deinen Weg beschleunigen kann, außer das Öffnen hin zu Gott. Vergiss die Maßstäbe, die man dir in der Spiritualität für Bereiche des Lichts beibringen möchte. Der Mensch wünscht sich stets Hierarchien und Unterscheidungsmerkmale, um sein Wirken einzuordnen.

Gib alles, was in deinem Herzen ist, und fordere nichts – das ist der beste Weg, um Gott zu finden. Orientiere dich nicht an anderen, finde stattdessen deinen eigenen Weg.

ADAM

Der erste aller Propheten wurde vor etwa 6 000 Jahren in einer Gegend geboren, die wahrscheinlich im heutigen Süden des Iraks liegt. Es gibt allerdings auch Quellen, die ihn als wesentlich älter, bis zu 16 000 Jahre vor unsere Zeitrechnung datieren und somit die jüdische und später biblische Geschichtsschreibung in Frage stellen. In Genesis 2 : 4–25 wird er aus Lehm geformt, eine frühe Beschreibung des unbeseelten Zustandes, aus dem dann durch den »Göttlichen Atem« der heutige Mensch geschaffen wurde. Adam als der erste und Mohammed als der letzte der Propheten sind der Überlieferung nach die einzigen beiden Propheten, die Gott von Angesicht zu Angesicht begegnen durften. Adam wurde zusammen mit seinem Ebenbild Eva die Verantwortung über die Schöpfung übertragen. Im Gegensatz zur weitläufig christlich geprägten Überlieferung wird in den ursprünglichen Schriften nie von »sich untertan machen« der Mitschöpfung gesprochen, sondern von hüten und pflegen. Adam wurde zusammen mit Eva, die in den jüdischen Texten wunderbar als das »Zweite Licht« zu Adam beschrieben wird, das Hüten der Lebewesen übertragen. Adam, was eigentlich der »Erste« bedeutet, hatte die Aufgabe, den geistigen Zugang zum Licht aufrechtzuerhalten; als Evas Aufgabe werden das Mitgefühl für die Schöpfung benannt, die Liebe zu den Tieren und der Natur, die auch heute noch ein wesentlicher Bestandteil der weiblichen Spiritualität ist. Von

Adam direkt sind uns keine Schriften erhalten geblieben, wohl aber aus den Glaubensrichtungen wie dem Judentum und Islam, die ihn als Propheten anerkennen. Von dem Wort Adam oder Admon Kadmon leitet sich auch missverständlicherweise die Idee des perfekten Lichtkörpers in der Esoterik ab. Es handelt sich eigentlich um den hebräischen Begriff des Urzustandes der Schöpfung in Adam und hat nichts mit der eigentlichen Lichtarbeit zu tun. Aus der Linie Adams gehen alle späteren Propheten hervor.

Über Adam und den Gruß der Engel

Als Gott Adam geschaffen hatte, wies er ihn an, zu einer Gruppe Engel zu gehen und auf ihren Gruß zu warten, es ist der Gruß für dich und alle deine Nachfahren. Sie begegneten ihm mit den Worten: »Friede sei mit dir und Gottes Gnade«. Und so ist es seit jeher der innere Friede eines Menschen, der ihn Engel wahrnehmen und Gottes Gnade durch sie spüren lässt. Adam lehrt uns, dass der Friede der beste Weg ist, um einen wirklichen Kontakt mit Engeln zu erfahren und Gott zu erkennen.

Solange das Weibliche nur eine Seite
des Menschen bildete, war er allein.

DER SOHAR ÜBER ADAM

Das Zweite Spirituelle Gesetz:

Dankbarkeit gegenüber Gott

Dankbarkeit lässt Engel und Menschen einander begegnen

Die Wüste roch nach unendlicher und jahrtausendealter Sonne, die sich in ihren Dünen gesammelt hatte. Mit jeder Berührung seiner bloßen Füße wurde er von dem weichen Sand umfasst, nur um sich kurz darauf dieser Liebkosung zu entwinden. Den Weg war er unzählige Male gegangen. Er wusste um seine Wirkung, die ihn weg von der belebten Stadt Mekka hin zur Einsamkeit führte. Er liebte die Einsamkeit, ja brauchte sie, um dem Einen, dem einzigen Gott, nahe zu sein.

Noch war der Sand gespickt vom Unrat der Händler und ihrer Karawanen. Scherben von Ton, vom Sand blank geriebene Knochenreste und Splitter blauer Perlen forderten seine Aufmerksamkeit.

Langsam verblassten die Spuren der Menschen; das Echo der Dinge, die sie erschaffen hatten, verhallte aus seinen Sinnen. Nur das sanfte Rauschen des Windes und hier und da der Schrei eines Falken erfüllten seinen Geist. Während er wanderte, wurden er und die Wüste eins. Sie schützte und umfing ihn wie ein goldenes Tuch einen kostbaren Schatz. Durch die

Kraft seines Glaubens begann die Schöpfung zu ihm zu sprechen. Die Wesen der Natur, die Engel, die Dschinn, alle Tiere sprachen zu ihm in seinen Gedanken und Gefühlen.

Mohammed ging weiter, immer weiter in die Wüste hinein. Sein Ziel war der Berg Hira mit seinen uralten Höhlen. Der glühende Sand brannte an seinen bloßen Füßen, denn er ging barfuss, er mochte keine Trennung zwischen sich und der Natur. Er wollte rein sein, er wollte einfach und bescheiden sein, er hatte einzig das Ziel, seinen Gott zu erfahren. Als er schließlich den Berg erreicht hatte, war er vollkommene Leere. Seinen Körper, die trockene Hitze und den Durst kannte er nicht mehr.

Hier, in seiner Höhle war nur noch sein Glaube, der ihn sich selbst vergessen ließ. Als er sich gefasst hatte, beruhigte ihn die kühle Stille des umgebenden Felsens.

Er hob die Arme und streckte die Hände nach oben zu seinem Schöpfer, er schloss die Augen, und es wurde in ihm wie das Licht am Ersten Tag der Schöpfung.

Oben, in den Welten, die den Lichtvollen und Sehenden gehören, reagierten die Engel bereits. Der letzte aller Propheten war willens, seine Botschaft zu empfangen. Mächtige Schwingen bewegten sich in einem Tunnel aus Licht. Aus einem unendlichen Gewirr von Flügeln, Lichtern und Bewegungen löste sich vom Thron des Höchsten einer, der älter und mächtiger war als die meisten seiner Art. Ein Schrei, dem eines Greifvogels gleich, ertönte, dann nahm er Gestalt an und schwang sich die Welten hinab. Jede Welt, jede Dimension oder Ebene, wie die Menschen sie nennen, wurde erfüllt mit seinem Strahlen, das die Augen der Sterblichen erblinden lässt. Gott hatte seinen höchsten Botschafter, den alten Wächter der Menschen entsandt. Der Himmel zog sich über Mekka zusammen, und die Seher und Weisen der Menschen erkannten den Engel Gottes, der seinen Weg zur Erde nahm. Unten in seiner Höhle wurde Mohammed an die feuchte Wand gedrückt, Wellen von Licht und Hitze durchfluteten ihn, in seinem Herzen war blanke Furcht. Er wusste nichts vom Sinnesrausch und der Hingabe, die den Gläubigen in der Begegnung mit einem Engel überkommt.

Er stand kurz vor einer Ohnmacht, als Gabriel vor ihm erschien. Ein riesiges Wesen schwebte vor Mohammeds Augen. Es war strahlend und schön in der Gestalt eines Menschen und ungezähmt wie ein Tier, das keinen Namen hat. Seine riesigen Flügel zeigten sich in einem Augenblick, nur um im nächsten Moment unsichtbar zu werden. Die Demut und Hoffnung, die der Mensch im Angesicht Gottes zeigt, erfüllte sein Gegenüber. Bis Gabriel sprach, verging eine Ewigkeit.

In den höheren Welten ertönte ein Schrei, den Mohammed wie die Stimme des Donners vernahm. »Lies! Im Namen deines Herrn, der dich erschaffen hat.« Während die Stimme immer neue Fieberwellen durch seinen Körper jagte, sah er ein Buch mit wunderbaren Zeichen. Es war die Schrift der Gelehrten, die er zu lernen versäumt hatte. Zitternd entgegnete er dem Engel: »Ich kann nicht lesen«. Erneut ertönte ein Schrei hoch oben, diesmal lauter und durchdringender, so als wolle er das Mark in seinen Knochen zerbersten und der Engel forderte wiederum: »Lies, denn der Herr ist gütig, er hat dich das Lesen gelehrt.«

Wieder verneinte der Mensch, mit aller Angst, die ihm zu eigen war.

Noch einmal, ein letztes und entscheidendes Mal, forderte er: »Lies, im Namen dessen, der dich geleitet hat.«

Erneut dieselbe Antwort. Gabriel, der allsehend und allwissend war, schlug seine mächtigen Flügel zusammen und mit einer Stimme, die die Erde beben ließ, befahl er: »Er alleine hat dich lesen und schreiben gelehrt, dich gelehrt, was du nicht wusstest, drum lies im Namen deines Herrn.« Der Engel schwieg mit derselben Strenge, mit der er zuvor gesprochen hatte. Ein stilles Leuchten ging nun von ihm aus.

Mit der Sekunde, in der Gabriel verstummte, wandelte sich Mohammeds Angst in Dankbarkeit. Eine Sanftheit durchflutete ihn, gleich einem warmen Blütenregen, der ihm aus den Mündern tausender Engel eingehaucht wurde. Seine Dankbarkeit machte ihn sehend. Entrückt sah er den Engel an. Mohammed fühlte nichts lieber als diesen Engel, er wollte nichts mehr als in Dankbarkeit mit Gabriel sein, den Gott als Antwort auf seinen Glauben gesandt hatte. In mystischer Ekstase gab er sich der Botschaft des Engels hin, die als leuchtender Glanz fortan die Worte des Propheten umhüllte.

Das Zweite Spirituelle Gesetz – Die Dankbarkeit verstehen

Aus der Sicht eines Engels ist das Leben eines Menschen vollkommen. Es gibt für einen Engel nichts, das mehr in Einklang, in Harmonie und endloser Verbundenheit mit seinem Schöpfer ist als der Mensch. Nur er ist wie Gott geschaffen und sein Ebenbild. Nur ihm ist es möglich, durch seine Dankbarkeit bewusst Licht anzuziehen und in der Lichtarbeit weiterzugeben. Je tiefer und inniger die Dankbarkeit eines Menschen für sein Leben ist, desto mehr Licht kann er in seinem Leben aufbauen.

Das Erkennen von Gott führt dich in diese tiefe Dankbarkeit, sie erfüllt dich und nimmt alle selbsterschaffenen Widerstände von dir. Wenn du die Dankbarkeit in dir erweckst, lässt du deine Mauern hinter dir. Ohne Dankbarkeit ist das Leben wie ein dunkler, enger Raum, den wir für das Universum halten. Nur deine Dankbarkeit bringt dich in ein höheres Bewusstsein, in eine tiefere Form der Meditation, der Heilung und des Mitgefühls. Du wirst sehend und erkennst, dass es andere Realitäten als die deine gibt. Dimensionen und Welten öffnen ihre magischen Tore und zeigen dir, wer du wirklich bist.

Der einfachste Weg, um Dankbarkeit zu erlangen

Stell dir vor, du wachst morgens auf und dein erster Atemzug ist erfüllt von tiefer Dankbarkeit. Noch bevor du die Augen öffnest, etwas denkst, tust oder sagst, ist dein Innerstes auf Gott gerichtet. In dem Augenblick, in dem du verstehst, dass es nicht selbstverständlich ist, dass du lebst, dass es dir gut geht und du durchatmen kannst, spürst du ein kleines Lächeln auf den Lippen, das deinem Wesen einfach so entspringt. Reinigst du dich dann und erfreust dich an dem fließenden Wasser, das dich klärt und deinem Körper Frische spendet, bist du dankbar für all das, was dir widerfährt. Wenn du deine Aufmerksamkeit auf den Körper und deine Gesundheit lenkst, auch darauf, wie wunderbar es ist, dass du Arme und Beine bewegen kannst, dann kannst du Dankbarkeit verspüren. Dankbarkeit beginnt bei den kleinen Dingen, den Alltäglichkeiten des Lebens und bei dem, was wir für gegeben nehmen.

> *Je mehr wir haben,*
> *desto weniger besitzen wir.*
>
> MEISTER ECKHART

Die Dankbarkeit zu leben ist einfach. Höre auf, zu fragen, wofür du dankbar sein kannst und sei es einfach. Mache die Dankbarkeit zu deiner inneren Haltung. Erlaube ihr, die Angst oder das große »Aber« bei der Begegnung mit Gott zu ersetzen. Lerne, im Moment zu leben und einfach nur zu sein. Mein Rabbi sagte einmal: »Du musst nichts tun, außer zu atmen.

Das ist Beweis genug für deine Existenz. Alles andere ist Selbstverliebtheit.«

Also nimm einen tiefen Atemzug und lasse die Dankbarkeit zu deinem Lebenselixier werden. Auch in den Botschaften der Engel ist die Dankbarkeit des Menschen ein wichtiger Moment. Sie erlaubt es den Propheten, die Engel zu verstehen und zu ihrem Mittler zu werden. In den Heiligen Schriften wie dem Alten Testament, dem Koran und den Lehren des Buddha finden sich viele Hinweise auf die Wirkung der Dankbarkeit. Die Engel nennen sie dort Gnade, die durch Dankbarkeit entsteht.

Karma, Dankbarkeit und Gnade

Mit jedem Leben erfährst du die unendliche Gnade, dein Karma zu erkennen und zu lösen.

Da wir als Menschen niemals ahnen können, wie sich das eigene Karma bemisst, ist es eine unschätzbare Gnade, überhaupt zu leben. Wir alle haben die Gelegenheit, in den Zustand der Dankbarkeit zu gehen und durch das Annehmen des eigenen Karmas Gnade zu erfahren. In der westlichen Lichtarbeit wird häufig gesagt, dass es wichtig ist, Karma über Bilder, das Sprechen oder Rituale aufzulösen. Als bewusste Wesen möchten wir verstehen und suchen Antworten für die Probleme in unserem Leben, die wir uns nicht erklären können. Es ist der verständliche Wunsch, Ursache und Wirkung des Erlebens zu begreifen. Lernst du, in die Dankbarkeit zu gehen, auf die Gnade des

Lichts zu vertrauen und dich einfach hinzugeben, dann benötigst du keine Erklärungen für dein Karma mehr. Erst dann ist dieses Leben ein wirklicher Neubeginn, und du bist bereit, das Licht in dir anzunehmen.

Dieser Zustand der Dankbarkeit bringt dich in Kontakt mit einer höheren Energie, der Göttlichen Gnade. Wenn du dir vorstellst, wie viele Fehler du als Mensch in deinem Leben machst, welchen Schmerz du allein durch deine Existenz verursachst und wie wenig du in diesem Leben davon ausgleichen kannst, dann verstehst du das Prinzip der Göttlichen Gnade.

Dies ist die Hoffnung der Engel, dass jeder von uns eines Tages mehr Licht durch sein Leben aufbringt, als er physisch und energetisch verbraucht.

Nur die wenigsten Menschen schaffen es, diesen Ausgleich von Geben und Nehmen zu erreichen und auf diese Weise energetisch »neutral« zu werden. Erst an diesem Punkt beginnt die eigentliche Lichtarbeit, das Aufbauen von Licht aus einem neutralen, lichtvollen Bewusstsein heraus. Vorher ist unsere Lichtarbeit nur bedingt klar. Bringen wir wenig an konkret Lichtvollem in unser Leben ein, ist das Denken von den eigenen Wünschen und Bedürfnissen gefärbt. Was wir sehen und spüren, ist dann nicht rein.

Dankbarkeit in der Lichtarbeit

Die wahre Dankbarkeit ist ein wesentlicher Bestandteil der Lichtarbeit. Durch sie können wir uns schneller entwickeln und dem eigenen Egoismus sowie den Hoffnungen, die wir in die Lichtarbeit legen, entwachsen. Aus der Jüdischen Lehre wissen wir, dass es mindestens fünf Jahre dauert, bis wir unseren größten Egoismus und damit die Ablehnung von Gott überwunden haben – denn egoistisch zu sein bedeutet immer, der Schöpfung etwas vom eigenen Licht vorzuenthalten.

In dieser Phase ist es unsere Dankbarkeit, die uns den Zugang zu höheren Welten, das Wahrnehmen von Engeln und Licht ermöglicht und einen Einblick in das gibt, was tatsächlich für uns möglich ist. Einzig unsere Dankbarkeit hat die Kraft, uns über die jetzige Entwicklung hinaus mit höheren Energien zu verbinden. Die Dankbarkeit, sagen die Muslime, wird von den Engeln in den höchsten Himmeln gehört, und sie haben Mitgefühl mit dem Menschen, der auf der Erde im Vergessen der eigenen Vollkommenheit lebt. Durch das Vergessen einer allumfassenden Dankbarkeit haben wir eine subjektive Dankbarkeit entwickelt. Diese steht in Abhängigkeit davon, ob unsere Vorstellungen von Gott in unserem Dasein erfüllt werden oder nicht. Es ist kein ehrliches Gefühl, es ist vielmehr ein Tauschgeschäft mit Gott als Erfüller unserer Wünsche.

Die eigene Dankbarkeit finden

Vor etlichen Jahren lernte ich in Indien eine Dankbarkeit in mir kennen, die meinem Leben eine neue Richtung gab. Ich besuchte die Stadt Varanashi; mein Hotel lag direkt an einem Abwasserkanal, der sich vom Stadtkern hinzog bis zum heiligen Fluss Ganga, der großen Mutter Indiens. Ich konnte von meinem Fenster die Dächer der Tempel am Wasser sehen, und fast stündlich läuteten Glocken eine neue Prozession am Ufer ein. Morgens und abends schien man in der Stadt die Schleusen zu öffnen, die in den Kanal flossen – Abfälle jeder Sorte glitten an mir vorbei. Im Kanal entdeckte ich Schmutz und Unrat, bei näherem Hinsehen auch tote Tiere, die man einfach so entsorgte. Mein Herz kochte vor Wut und Trauer über diese Praxis, die mir unverständlich schien. Die Verwesung der Körper war weit fortgeschritten, die Passanten gingen vorbei, und meine Ohnmacht quälte mich. Um mich war eine heitere und fröhliche Umgebung, ich dagegen hatte viel zu tun mit meiner Wut, die mich jeden Tag von Neuem auf das Wasser sehen ließ. Warum konnte ich mich nicht losreißen, einfach vorbeigehen und scheinbar nichts spüren wie die anderen Menschen hier? Ich wusste es nicht. Von meinen Gefühlen gezeichnet verlangsamte ich meine Schritte. Wo ich vorher Freude und Licht gespürt hatte, war nur Überheblichkeit und Geringschätzung für ein Volk geblieben, das seine Tiere derart behandelt.

Zwischen den unzähligen großen Tempeln gibt es viele Anbauten, in denen Lehrer ihre Schüler unterrichten. Ich weiß bis heute nicht warum, aber an jenem

Morgen fand ich mich weinend auf den Stufen einer solchen Schule wieder. Ich weinte und weinte, der Schmerz wollte nicht enden. Mit jeder Träne strömte mehr Trauer, Wut, das Leiden der Welt aus meiner Seele heraus. Verheult und schluchzend wie ich war, nahm mich jemand in den Arm. Eine fremde Hand zog mich nach oben, und ein Arm stützte meine Schulter. Ich ließ mich einfach führen. Über schiefe Stufen stolperte ich mit. Eine Frau führte mich, soviel nahm ich noch wahr. Plötzlich waren meine Füße im Wasser. Sie zog mich die Stufen zum Ganges hinunter, es war mir egal. Sie hielt meinen Kopf und drückte mich tief in das Wasser. Für einige Sekunden bekam ich keine Luft. Dann zog sie mich nach oben und strich meine Haare aus meinem Gesicht. Sie war jung, kaum älter als ich, das konnte ich spüren, aber nicht sehen. Ich konnte mich nie an ihr Gesicht erinnern.

Mein Leben, meine Ängste und meine kindliche Wut hatte ich in der Ganga gelassen. In der Mitte des Flusses schwammen die toten Körper der Tiere und Reste der Menschen an uns vorbei. Ich ekelte mich nicht, sondern spürte eine tiefe Dankbarkeit in mir, die ich bis heute nicht in Worte fassen kann. Ich bin den toten Tieren dankbar, der jungen Frau, dem Schmutz und Elend und der Ganga. Sie alle haben mich in einem Augenblick, an dem ich die Undankbarkeit in mir selbst nicht mehr ertragen konnte, von ihr geheilt. Als ich die Tiere zum ersten Mal in dem Kanal treiben sah, habe ich ihren Tod und die Art und Weise ihrer Auflösung auf mich bezogen. Ich war wütend über etwas, was ich sehen musste und was ich nicht ertragen konnte. Ich. In einem Land, das von

Freude und Elend gleichermaßen geprägt ist, in dem sich der Duft von Gewürzen mit dem von verkohltem Menschenfleisch verbindet, war es mir möglich, vollkommene Dankbarkeit zu finden.

Die Frau führte mich noch an das Ufer, sie setzte mich in die Sonne und verschwand. Mehrere Frauen umarmten mich und saßen um mich herum. Wie selbstverständlich war ich nun Teil von Leben und Sterben.

Die Dankbarkeit ist bis heute meine längste Meditation, und ich übe sie täglich.

Um dir den Weg in die Dankbarkeit gegenüber der Schöpfung zu öffnen, lade ich dich ein zu vielen Meditationen. Sie können immer dann stattfinden, wenn du glaubst, dass die Welt aufhört, sich zu drehen, weil du dir gerade Sorgen machst. Nutze dann diese kostbaren Augenblicke und gehe in die Dankbarkeit. Spüre dich in Beziehung zu allem Leben und sieh nicht dich alleine. Lerne, dass der Schlüssel zur Dankbarkeit die Einsicht ist, dass es dir gut geht und dass Gott so für dich sorgt, wie du es ihm erlaubst. Zum Ende jeden Tages ist es an dir, zu entscheiden, ob du diesen Tag in Dankbarkeit erleben konntest. Mit diesem Gedanken legst du dich zur Ruhe, und auf diesem Bewusstsein baut sich die Energie deines nächsten Tages auf.

GEDANKE:

Unser erster Gedanke an jedem Morgen
sollte der Wunsch sein, den Tag in Dankbarkeit
zu leben.

JOHN (BLACK CROW) HELDITSCH,
NAVAJO-LEHRER

I. Mantren der Dankbarkeit

Eine einfache Übung, um Dankbarkeit im Alltag zu üben, besteht darin, ein Mantra der Dankbarkeit zu sprechen. Nimm einfach jeden Augenblick, in dem du nicht sicher bist, was du fühlen oder denken sollst, und wandele ihn um in einen Zustand der Liebe und des Dankes an deinen Schöpfer. Mit dem Einatmen nimmst du den Gedanken »Liebe« auf, und mit dem Ausatmen gibst du diese Liebe mit Dankbarkeit wieder frei. Genieße dabei jeden Atemzug, in dem du über dich selbst hinauswächst und dein Licht mit der Schöpfung teilst. Wenn dir diese Übung zu Beginn schwer fällt, dann visualisiere einen Moment, in dem du viel Liebe gespürt hast und intensiviere die Energie damit. Beim Ausatmen kannst du an das Gute und Schöne denken, das dir bisher in deinem Leben widerfahren ist.

Eine Intensivierung dieser Atmung ist die Pranaatmung; eine Anleitung hierfür findest du im Anhang.

II. Die eigenen negativen Muster durchbrechen

Mit der folgenden Übung gelingt es dir, die Dankbarkeit in deinem Leben bewusster zu machen. Nimm dir morgens und abends jeweils einige Minuten Zeit und schreibe mindestens zehn Gründe der Dankbarkeit in deinem Leben auf. Achte darauf, ob sich diese Gründe abends verändert haben und du untertags neue Aspekte der Dankbarkeit gelernt hast. Praktiziere diese Übung sieben Tage und lerne durch diesen einfachen Weg in deinem täglichen Leben das Dankbare sehen.

III. Die höheren spirituellen Fähigkeiten in Dankbarkeit erleben

Sei dankbar für das, was du bist und wie du auf deine ganz persönliche Weise spüren darfst.

Für viele spirituell Suchende ist der Gedanke wichtig, Fähigkeiten wie das Hellsehen, Channeln und Heilen zu entwickeln. Sie glauben, erst dann zu einer inneren Dankbarkeit finden zu können, wenn ihre »höheren Fähigkeiten« aktiviert wurden.

Wenn du wirklich das Licht in dir und den Zugang zu deinem Gott suchst, vergiss diese Gedanken bitte. Glaube daran, dass es dir soweit erlaubt ist, zu sehen, wie du diese Dinge auch verarbeiten kannst. Es ist nicht immer angenehm, was man in anderen Ebenen sieht, und man muss in seinem Bewusstsein sehr gefestigt sein, um mit diesen Wahrheiten umzugehen. Du bist nicht besser oder schlechter, weil manche Fähigkeiten nicht entwickelt sind. Viel wichtiger ist, dass du für das, was dir im Augenblick zugedacht ist, Dankbarkeit empfindest. Alles andere wird sich finden.

IV. Vergleiche dein Leben nicht mit dem der anderen

Es gibt keinen Zustand der Dankbarkeit, der messbar wäre, es gibt keine Skala oder etwas, das dir sagt, wie gut es dir wirklich geht. Wir Menschen tendieren daher dazu, uns über den Vergleich dankbar zu fühlen. Wir sehen hinüber zu anderen Menschen, zu Nachbarn, Kollegen und sind dankbar, dass es uns nicht so geht wie ihnen, dass wir nicht in derselben »Misere« sind. Viele Menschen glauben, diese Haltung wäre Dankbarkeit. In Wahrheit gibt es in der Dankbarkeit keinen Vergleich, wir wissen niemals, was unser Gott mit uns für dieses Leben vorgesehen hat, deshalb können wir uns nicht über den Vergleich mit anderen bewerten. Wir können uns nur selbst in unserem Leben erkennen und sehen, wer wir wirklich sind und die Dankbarkeit für das Gute in uns empfinden.

Lerne also, mit deiner Dankbarkeit bei dir zu bleiben und dich nicht mit jemandem zu messen, dessen göttlichen Plan in diesem Leben du nicht kennst.

MOHAMMED

Er ist der letzte in einer langen Reihe *von* Propheten (144 000) *und gilt durch die von ihm empfangenen, abschließenden* Offenbarungen *als das* Siegel *der* Propheten. *Seine enge* Verbindung *zu* Erzengel Gabriel (Jebril) *brachte* 114 Suren *hervor, die zum* Heiligen Text *des* Koran *zusammengefasst wurden.* Somit *stammt von* Mohammed *die längste uns durch* Gott, Allah, *überlieferte* Offenbarung *durch einen* Engel, *das längste* »Channeling« *im eigentlichen* Sinn. Der Prophet, *von dem wir wie von keinem anderen* Überlieferungen *zu seiner* Persönlichkeit, *seinem* Leben *und seinem* Wirken *haben, wurde um das* Jahr 570 *nach* Chr. *in* Mekka *geboren und verließ diese* Welt *im* Jahre 632 *in* Medina. *Durch seine* Schriften *haben wir die außerordentliche* Möglichkeit, *die* Antworten *eines* Engel *auf die* Fragen *einen* Menschen *zu erfahren.* Die Fragen *von* Mohammed *sind deshalb besonders interessant, weil sie nicht nur die* Anweisungen Gottes/Allahs *für das* Leben *der* Menschen *zeigen, sondern auch die* Ansichten *eines* Engel *in* Hinblick *auf die* Probleme *der* Menschen *mit ihren alltäglichen* Sorgen *und* Ängsten. Darüber *hinaus zeigt sich beim genauen* Studium *dieser* Heiligen Schrift, *dass die* Meinungen, *die wir heute durch die* Bilder *der* Medien *zum* Islam *erhalten, nichts mit den ursprünglichen* Schriften *gemeinsam haben.*

Wer Gott *begegnen möchte,*
dem möchte auch Gott *begegnen.* MOHAMMED

Das Dritte Spirituelle Gesetz:

Innere Zufriedenheit

Zufriedenheit schützt dich vor negativen Energien

Abraham saß vor seinem Zelt und blickte in den Sonnenaufgang, er fühlte Gott in seinem Herzen.

Was er spürte, war ein gütiger Gott, ein Gott der Liebe, dem er in Hingabe diente, um in Frieden zu sein. Abraham war glücklich mit seinem Leben. Immer hatte er auf Gottes Führung vertraut, Gott sprach zu ihm, denn er war willig, ihn zu hören.

Eine trockene Hitze stieg bereits von der Erde auf, in wenigen Stunden würde sie einer Fata Morgana gleich die Sinne vernebeln und Menschen und Tiere in den Schatten zwingen. Sarah, seine geliebte Frau, würde wie jeden Tag den Staub vor ihm mit Wasser binden. Sparsam und mit den immer gleichen Bewegungen würde sie den Boden zu Füßen ihres Mannes reinigen. Sie ehrte ihn für seine Liebe, für den tiefen Glauben an das Gute und dafür, dass er sie als Frau erwählt hatte. Der Gedanke an Sarah füllte seine alten Augen mit den Tränen der Liebe. Sie war ihm eine gute Frau. In ihrer Jugend war sie schön, wie es nur die Frauen der Wüste sind, ihr Haar schwarz wie das

Gefieder einer Nachtigall, ihre Haut weiß und rein wie frische Milch und Augen, in denen das Verlangen der Frau glühte. Kam man ihr nahe, zeigte sie die Unschuld eines Kindes. Sarahs Schönheit wurde noch im hohen Alter von den Dichtern gepriesen. Abraham schmunzelte bei dem Gedanken.

Während er die Vergangenheit durch die Augen des Liebenden erinnerte, spürte er einen sanften Windhauch durch die Ebene ziehen. Die Luft berührte ihn wie eine Feder. Ein Blütenduft lag in dem Wind, herrlich und köstlich wie die edlen Öle der Babylonier und Ägypter, denen er begegnet war. Während er die kostbare Luft atmete, hörte er ein Rascheln zu seiner Linken. Dort, nicht weit von ihm entfernt, stand ein Baum, er hatte seine Blätter und Früchte lange verloren und wachte wie ein Geist über die Landschaft. Jetzt sprach der Baum zu ihm, ein Flüstern und Knistern ging von seinen Zweigen aus, und in einem Zauber der Dschinn zeigten sich junge Äste, entfalteten sich Blätter und Knospen, wo vorher nur Trockenheit war. Der Baum blühte mit einem Mal in all seiner Pracht, er trug nun sein schönstes Gewand. Abraham, der die Zeichen der Engel kannte, begann Ausschau zu halten.

Am Horizont erkannte er drei Männer, die näher kamen. Der Duft wurde stärker, und der Alte, der glaubend und einfach in seinem Geist war, stürzte von seinem Lager. Mit weit geöffneten Armen begrüßte er sie als Freunde, denen es das Beste zu offerieren galt. Die Männer gaben sich wortlos der Einladung hin. Auf den ersten Blick wirkten sie wie Nomaden oder einfache Pilger. Und er behandelte sie wie solche, in seinem Herzen aber erkannte er die fremden Gäste.

Gott selbst war ihm durch seine nächsten Engel Gabriel, Raphael und Michael erschienen. Sie ließen sich, wie es die Sitte gebot, die Füße waschen, und Abraham reichte ihnen Fleisch und Brot, das Sarah frisch gebacken hatte. Sie saßen auf dem Boden des Zeltes, sie waren still, denn niemanden drängte es zu sprechen. Abraham sah sie an und doch wieder nicht. Er hatte es lange aufgegeben, durch sein menschliches Sehen zu bewerten. Stattdessen konnte er das Reine in jedem Leben wahrnehmen. Er war zu einem gerechten Stammesführer geworden. Gabriel, der sich von seinem Platz erhoben hatte, sah auf Abraham. Der Engel erkannte Abraham als einen, der nie vom rechten Weg abgekommen war. In ihn legte er die Zukunft der Menschheit.

Er erfüllte den einen Wunsch des Alten, jenen Wunsch, den dieser tief in seinem Herzen verborgen hielt und über den er niemals sprach. Sarah, seine Frau, sollte Mutter werden. Der Engel, der die Sehnsucht Abrahams kannte, schenkte ihr Fruchtbarkeit.

Hinter der Zeltwand stand Sarah, die den Fremden fernblieb. Der Segen des Engels ließ sie lachen und weinen zugleich. Sie, die Alte, sollte nun endlich ein Kind bekommen. Wie sollte dies geschehen und warum jetzt, da sie schwach war und bald sterben konnte?

Gabriel, der den Gedanken hören konnte, drehte sich mit einem Mal zu ihr und tadelte sie. Abraham, der sich der Zweifel seiner Frau schämte, sprach laut auf sie ein.

Doch da hatten die Männer das Lager bereits verlassen, er sah sie in die Ferne laufen, einer trennte sich und ging nach links. Die anderen beiden führte ihr

Weg in die Richtung von Sodom. Er sah noch, wie ihre Kleider von den Körpern fielen und sie sich seltsam veränderten. Mächtige Schwingen zwängten sich aus ihren Rücken, und die feinen Glieder der Menschen wuchsen zu riesigen Wesen heran. Feuer umhüllte sie im nächsten Augenblick, und jeder ihrer Schritte verursachte eine sanfte Erschütterung, die er deutlich spüren konnte. Dann verschmolzen ihre Konturen zu einer leuchtenden Feuerwand, die sich langsam am Horizont fortbewegte.

Das Dritte Spirituelle Gesetz – Die Zufriedenheit im eigenen Leben finden

Aus den Schriften des Alten Testaments wissen wir, dass die Engel Gottes Abraham wohlgesonnen waren. Sie begegneten ihm in der Gestalt von einfachen Männern, und er erkannte sie als Gottesboten, weil er mit Gott und sich selbst zufrieden war. Sie erscheinen aus dem Nichts, speisen mit ihm und gewähren ihm sogar einen lange unerfüllten Wunsch, ein Kind mit seiner Frau Sarah. Deren Sohn, Isaak, wird zum Stammvater des jüdischen Volkes. Wenig später nach dieser wundervollen Begegnung mit den Engeln erlebt Abraham, wie sie ihre Form verändern, um die Stadt Sodom zu vernichten. Sodom ist das Beispiel für menschliche Unzufriedenheit, für die Gier, den Hochmut und den Wunsch nach leerer Befriedigung, die in uns allen stecken.

Als Prophet zeigt uns Abraham, wie wir durch innere Zufriedenheit das Licht in unserem Leben anziehen, wie wir Schutz durch konkreten Glauben erhalten und dadurch Gnade erfahren. Diese Zufriedenheit entsteht durch eine innere Haltung der Dankbarkeit und das Erkennen von Gott, sie ist das Ergebnis einer bewussten Entscheidung für das Licht.

Die meisten Menschen, denen ich begegne, denken bei dem Wort Zufriedenheit an einen Zustand, den sie erhalten, wenn sich bestimmte Wünsche in ihrem Leben erfüllen. Auf diese Weise durch das Leben zu gehen bedeutet, immer in Abhängigkeit von etwas oder jemandem zufrieden zu sein. Der innere Frieden ist dann keine freie Geisteshaltung – man kann ihn aus sich heraus nie erlangen. Dies ist eine kindliche Haltung, der Glaube, dass man etwas Bestimmtes erlangen und bekommen muss, um zufrieden zu sein, um geliebt zu werden. Die Sehnsucht, sich über etwas Zufriedenheit zu verschaffen, entspringt dem Bedürfnis nach Liebe. Als Kinder haben wir das Recht auf Liebe, die uns wachsen lässt und die es uns ermöglicht, später selbst Liebe geben zu können. Als Erwachsene hingegen müssen wir erkennen, dass niemand und nichts außer uns für die Fähigkeit zu lieben in uns verantwortlich ist. Es liegt an uns, die kindliche Haltung des Forderns aufzulösen und in uns selbst Zufriedenheit zu erlangen. Dieser Zustand ist für jeden von uns im Hier und Jetzt erfahrbar.

> *Dass du nicht kannst, wird Dir verziehen, doch nimmermehr, dass du nicht willst.*
>
> HENRIK IBSEN, NORWEGISCHER SCHRIFTSTELLER UND DRAMATIKER

Wenn du dich selbst als Mensch annimmst, deine Fähigkeiten und Fehler realistisch siehst und mit der Vergangenheit abschließt, ist die Grundlage der Zufriedenheit geschaffen.

Die Wirkung der Zufriedenheit in der Lichtarbeit

Viele Menschen fragen mich, wieso ihre außersinnlichen Fähigkeiten wie das Aurasehen, Hellsehen oder das Empfangen von Botschaften nicht besser funktionieren. Sie erzählen, dass sie in gewisser Weise Energie spüren oder Licht wahrnehmen, den Kontakt aber nicht bewusst steuern können. Andere hören manchmal Botschaften, aber eben nicht immer oder besonders dann nicht, wenn sie wirklich Hilfe brauchen.

Diese Art der Wahrnehmung löst natürlich Selbstzweifel aus, Zweifel daran, ob wirklich Energie wahrzunehmen ist und ob die eigenen Fähigkeiten nicht für ein klares Erkennen ausreichen. Tatsächlich wird dir als Mensch immer so viel von den höheren Schöpfungswelten offenbart, wie dein Geist verarbeiten kann. Was du mit deinen höheren Sinnen wahrnehmen kannst, entspricht deiner Hingabe an das Licht. Je mehr du als Mensch dein »Ich«, dein Ego auflösen kannst, desto mehr erfährst du von Gott und seiner Schöpfung. Die Wahrnehmung der Energien selbst hängen wieder von der inneren Zufriedenheit des Einzelnen ab. Ein spiritueller Mensch, der mit sich in Frieden ist, der seine Sinne klar auf das Licht ausgerichtet hat, wird dies deutlich wahrnehmen. Alles, was ihm in seinem Leben begegnet, entspringt seiner klaren Verbindung zur eigenen Seele. Diese Menschen scheinen für Außenstehende »gesegnet« zu sein, denn alles in ihrem Leben fügt sich wie ein Pflasterstein an den anderen und formt sich zu einem Göttlichen Weg. Die Zufriedenheit kannst du dir wie ein klares Bewusstsein vorstellen. Es ist so, als würde der zufriedene Mensch einen Apfel essen und aus ihm heraus die Schöpfung erkennen. Er schmeckt die Erde, in der der Baum gewachsen ist, er spürt das Land, in dem die Frucht gereift ist, und er nimmt wahr, mit welcher Einstellung der Apfel vom Baum gepflückt wurde. Dieser Mensch wird aus einer klaren Sinneswahrnehmung, die der Zufriedenheit entspringt, sagen können, ob der Apfel viel Licht oder wenig enthält. Er wird eine Fülle von Informationen geben können, die der verwirrte, unzufriedene Mensch nie geben kann. Er sieht und erkennt Dinge, die dem »normalen« Menschen verborgen bleiben. Seine Sinne entsprechen dem eines meditierenden Menschen, der nicht jedem Sinnesreiz folgt und für den das Leben nicht durch die Umwelt bestimmt wird. Deine Zufriedenheit hilft dir, den Geist rein und klar zu halten und die eigenen Sinne zu kontrollieren. In diesem bewussten Stadium ist es, als ob alle Störquellen wegfallen und du nur noch das Licht, die Göttliche Botschaft selbst, wahrnimmst. Das ist die wahre Göttliche Führung, die darauf wartet, dich durch dein Leben zu leiten.

Meditation als Schlüssel zur Zufriedenheit

Vor vielen Jahren hatte ich an einem heißen Sommerabend einen Meditationskurs angesetzt. Den wenigen Teilnehmern, die trotz der Hitze gekommen waren, war ihre Stimmung deutlich anzusehen. Der Kurs fand in einem Loft statt, und in dem großen Raum unter dem Dach hatte sich die heiße Luft den ganzen Tag über gestaut. Ausnahmslos alle Teilnehmer waren müde und fragten sich offensichtlich, warum sie nicht lieber in einem kühlen Garten waren. Wir bildeten einen Kreis und gerade, als meine Assistentin die Türe abgeschlossen hatte und ich beginnen wollte, klopfte jemand an. Wir öffneten, und eine junge Frau kam herein. Sie wirkte normal, war etwas außer Atem und begrüßte mich und die anderen Teilnehmer freudig. Bevor sie sich setzte, kramte sie in ihrer Tasche und unbekümmert wie ein kleines Mädchen begann sie zu erzählen. Sie sprach davon, wie aufgeregt sie sei, dass sie sich sehr auf diesen Abend gefreut hatte und wie sehr ihr es peinlich war, zu spät zu kommen. Während sie sprach, strahlte sie, und ich musste spontan lachen. Sie war derart frisch in ihrem langen Hippierock, den wuscheligen Haaren und ihren bloßen Füßen und so unbekümmert, dass die anderen Teilnehmer wie Trockenobst neben einem jungen Pfirsich wirkten.

Als wir endlich mit der Meditation begannen, alle ihre Positionen eingenommen hatten und die Augen schlossen, rührte sie sich nicht. Eine Weile, ohne sonst etwas zu tun, sah sie mir tief in die Augen. Auch das schien mir nicht ungewöhnlich. Erst als sie die Augen schloss und tiefer zu atmen begann, bemerkte ich etwas Ungewöhnliches an ihr. An jedem ihrer Füße hatte sie sechs Zehen. Ich dachte mir nichts weiter, denn ich musste ja auf jeden Teilnehmer Bezug nehmen, die Atmung kontrollieren und anleiten. Doch mit jedem Atemzug, den die junge Frau tat, wurde es heller und heller in dem Raum. Ein Licht strömte von ihr aus und füllte nicht nur das Loft, sondern auch die Menschen in ihm. Auf den müden Gesichtern zeigte sich ein entspanntes Lächeln. Die Körper der Menschen wurden weich, und jeder für sich schien seinem Engel zu begegnen.

Zu Ende der Meditation gehe ich meist noch einmal herum und lege den Teilnehmern die Hand auf das vordere und hintere Herzchakra. Als ich bei der jungen Frau war, hielt sie auf einmal meine linke Hand, die ich auf das vordere Chakra legen wollte, fest. Ich fand das seltsam, denn ihre Augen waren geschlossen. Sie schien genau zu spüren, wo ich war. Gerade als ich meine rechte Hand auf ihr hinteres Herzchakra legen wollte, spürte ich etwas Ungewöhnliches. Sie trug eine weiße Bluse offen über einem Top, und ich zog ganz leicht an dieser, um darunter an die richtige Stelle zu kommen. Ich spürte zwei kleine Knubbel, die sich bewegten, einen kleinen Stumpf jeweils links und rechts von der Wirbelsäule. Was mich in dem kurzen Augenblick noch mehr verwirrte war, dass sie sich bewegten, wie ein feiner Muskel nach oben und nach unten. Da die Frau nicht weiter reagierte, legte ich meine Hand auf das hintere Herzchakra. Mir wurde schlagartig sehr heiß, und ich sah nur noch weißes Licht. Sie drückte meine linke Hand fester, und ich musste den Mund öffnen und tiefer atmen, um nicht ohnmächtig zu werden. Dann ließ sie meine Hand los. Ihre Augen waren weiterhin geschlossen. Ich fasste mich kurz und ging zu den anderen Teilnehmern, berührte auch sie und schloss die Runde ab.

Nachdem alle die Augen geöffnet hatten, setzte ich mich und sah zu der Frau. Sie lächelte weiterhin und begann wieder freundlich zu erzählen, von einem Termin, zu dem sie müsste und den sie vergessen hatte. Genauso wie sie aufgetaucht war, verließ sie uns wieder. Meine Teilnehmer fragten mich, ob ich sie kennen würde. Da fiel mir auf, dass sie keinen Namen, keine Vorstellung von sich gegeben hatte.

Die Gesichter der Meditierenden aber hatten sich verändert. Sie sahen aus, als ob sie einen Engel gesehen hätten. Eine tiefe Zufriedenheit ging nun von ihnen aus, ein Leuchten und eine innere Ruhe, die man nur in der wahrhaftigen Begegnung mit dem Licht findet.

Um Zufriedenheit zu erlangen, ist die Meditation ein ausgezeichneter Weg. Sie hilft sowohl zur Ruhe zu gelangen und sich selbst zu spüren, als auch die Verwirrung des eigenen Bewusstseins zu begreifen. Zu Beginn der Meditation zeigen sich alle Bilder und Gefühle, die wir im Alltag unterdrücken. Sie nehmen die Formen der Phantasie, der unbewussten Wünsche an, nur um unserem Ego zu schmeicheln und nicht gehen zu müssen. In dieser Phase, die zu Beginn des spirituellen Wegs mehrere Jahre dauern kann, hat der Meditierende Eingebungen, Vorahnungen und Ideen, die er oft fälschlicherweise für lichtvoll hält. Es ist eine Zeit der

Verwirrung, denn eine Klärung findet statt zwischen den unbewussten und den bewussten Gedanken und Gefühlen. Wer keinen guten Lehrer hat, der ihm die entsprechenden Erklärungen geben kann, hält das Gesehene bereits für wichtig und bewertet seine Spiritualität danach. In Wahrheit aber trennt sich die egoistische Wahrnehmung vom lichtvollen Sehen ab, und da wir unserem Egoismus mit seinen irdischen Sinneswahrnehmungen lange vertraut haben, zieht er alle Register, um weiter zu kontrollieren.

Während dieser Zeit möchte man besonders viel Sicherheit durch die Namen von Energien und Engeln erhalten und wünscht sich Botschaften für Entscheidungen, die man selber nicht treffen möchte. Tief im Inneren jedoch spürt jeder Mensch, was gut und richtig für das eigene Leben ist, es fordert nur unendlich viel Mut, von den eigenen Wunschvorstellungen, auch im Bezug auf die Lichtarbeit, abzulassen und dem wahren Fühlen zu vertrauen. Nur auf diese Weise ist es möglich, eine ehrliche Zufriedenheit zu erlangen.

Ich rate dazu, leise Töne anzuschlagen. Lerne, deinem Gefühl tief in deinem Herzen zu vertrauen. Meditiere oft und lächle über dein Ego, das seine Wünsche und Ängste zeigt, damit du sie loslassen kannst und Vertrauen lernst. Natürlich ist es während dieses Umbruchs gut, einen Lehrer zu haben, jemand der klarer ist, als es dir gerade möglich ist.

Bedenke aber, dass die wenigsten Menschen diese Klarheit besitzen und viele Anbieter in diesem Bereich vielleicht noch mehr auf der Suche sind als du selbst. Wir alle sind Menschen.

Möglicherweise möchtest du deine Wahrnehmung

über die Zufriedenheit weiter klären. Dann lerne, wie ich es bereits beschrieben habe, über das Studieren, das Handeln und das Meditieren und strebe deine Zufriedenheit an. Wenn du dann die Hilfe eines Engels brauchst, wird er dich schon finden – vielleicht in deiner Meditation, in einem Kurs oder eben an einem Ort, den du selbst erahnst.

Schutz vor negativen Energien

Die Zufriedenheit schützt uns auf vielfache Weise. Im Zustand der Zufriedenheit sind wir eins mit den lichtvollen Energien der Schöpfung. Wir erkennen Gott und das, was er für uns in diesem Leben bereit hält, an. Wenn wir im Einklang mit der Schöpfung sind, ist dies der größte Schutz, den wir als Mensch erlangen können. Wir sind tief verbunden mit dem Licht, mit den Engeln und dem Wissen unserer Seele, das uns sicher führt und vor dem Negativen bewahrt. Der Glaube an das Gute ist ein Schutz vor Belastungen, die von Menschen herrühren, aber auch vor negativen Energien, die innerhalb der Schöpfung existieren. Ich habe beobachtet, wie viel Energie und Aufmerksamkeit spirituelle Menschen in das Thema Schutz investieren. Ich habe Menschen kennengelernt, die ohne ihre Rituale, ihre Sprays und Anhänger nicht entspannt das Haus verlassen können.

Dabei ist es nur der mangelnde Glaube an Gott, der sich in dieser Aufmerksamkeit, der eigenen Angst vor etwas »Bösem« und dem Wunsch, sich davor zu schützen, ausdrückt. In ausnahmslos allen spirituellen Kulturen weiß man, dass negative Energien immer in Zusammenhang mit dem Menschen selbst, mit seinem mangelnden Glauben stehen. Es gibt daher keine Energien, die an einem haften, für die man sich nicht selbst geöffnet hat. Das Öffnen wiederum geschieht zu einem großen Teil durch die eigene Unzufriedenheit.

Ängste, Sorgen, Gier, Wut und negative Gedanken wirken wie ein Magnet für Belastungen. Die Intensität dieser Energien ergibt sich durch das Maß der eigenen Negativität.

Ich habe bei Menschen, die zufrieden und mit ihrem Leben in Einklang sind, niemals Belastungen sehen können.

Wenn du erkennst, dass deine Zufriedenheit dein stärkster Schutz ist, dass dieser Schutz auf einer konkreten Hinwendung zu Gott und deiner Dankbarkeit beruht, wirst du dich immer geschützt fühlen.

Immer dann hingegen, wenn wir uns ungeschützt fühlen, werden wir uns bewusst, dass negative Energien in uns existieren. Die Ängste möchten den bekannten Raum der Wahrnehmung erhalten, dieses kindliche Verständnis von Gut und Böse, in dem man selbst immer unschuldig ist. Je weiter du dich entwickelst, desto stärker spürst du, dass es an dir ist, eine Entscheidung zu treffen. Und auf einmal nimmst du wahr, dass du in jedem Augenblick deines Lebens die Macht hast, zufrieden zu sein.

GEDANKE:

Ich bin zufrieden mit dem Leben, das mir Gott gegeben hat.

I. Die eigene Zufriedenheit erkennen

Eine einfache Übung zeigt dir, wie zufrieden du tatsächlich bist.

Lasse in diesem Augenblick jeglichen Gedanken los. Denke einfach nichts, denke nicht einmal darüber nach, ob du gerade nichts denkst.

Wie lange war es dir möglich, das Nichtdenken aufrechtzuerhalten?

Für Menschen, die nicht regelmäßig meditieren, ist diese Übung sehr schwierig. Es schleichen sich immer wieder Gedanken ein, die das Loslassen, das Einfach-Sein kontrollieren wollen.

Wie lange du diese Übung ausführen kannst, ohne tatsächlich zu denken, zeigt, wie sehr du mit dir in Frieden bist. Wenn du lange Zeit ohne jeden Gedanken und Impuls sein kannst, bist du wahrscheinlich ein zufriedener Mensch. Wenn dies schwer für dich ist, hilft dir die nächste Übung, an deiner Zufriedenheit zu arbeiten.

II. An der Zufriedenheit arbeiten

Setze dich auf einen Stuhl und begib dich in die Pranaatmung (siehe Anhang).

Wenn du zu dir gefunden hast und deinen Körper gut spürst, beginne mit ihm, in inneren Frieden zu gehen. Sprich mit deinem Körper und schließe Frieden mit ihm.

Du kannst deiner Seele, die in deinem Körper wohnt, sehr viel Gutes damit tun. Gott hat dich erschaffen, wie du bist – folge einfach seiner Einstellung zu deinem Körper und nimm ihn in Liebe an.

III. Zufriedenheit aufbauen

Um Zufriedenheit in deinem Leben zu erlangen, musst du dich Gott hingeben, du musst den Wunsch haben, ihm zu begegnen. Der beste Weg hierfür ist eine tägliche Meditation von mindestens 20 Minuten. Fortgeschrittene oder besonders Ambitionierte können auch zwei- bis dreimal täglich 20 Minuten meditieren.

In dieser Meditation geht es nicht darum, zu entspannen, du möchtest stattdessen Gott begegnen. Das solltest du dir vor Beginn bewusst machen.

Die einzelnen Schritte sind wie folgt:

- ★ *Räuchere zunächst, am besten mit besonders hochwertigem Weihrauch (siehe Anhang).*
- ★ *Du kannst auf einem Stuhl oder auf dem Boden sitzen. Richte zu Beginn den Blick auf den Boden und lege die linke Hand in deine rechte. Fühle dich wie Buddha und lächele!*
- ★ *Spüre dann in deinen Körper, nimm das Strömen der Energie in deinem Körper und um dich herum wahr. Wenn dir das schwer fällt, folge einfach deinem Atemfluss.*

★ Widme dich einzig diesem Strömen, und wenn deine Aufmerksamkeit nur darauf liegt, schließe deine Augen.
★ Richte deine Aufmerksamkeit nun auf deinen Bauchnabel und das Sonnengeflecht darum herum.
★ Warte, bis dieser Bereich warm wird. Das dauert unter Umständen mehrere Sitzungen, je nachdem, wie gut es dir gelingt, Energie zu leiten.
★ Erlaube dir jetzt, zu dieser Wärme, Sanftheit und liebevollen Stärke zu werden, die du dort spürst.
★ Bleibe in diesem Zustand etwa zehn Minuten.
★ Dann atme fünfmal tief ein und aus und richte den Blick wieder auf den Boden.
★ Erst wenn dein Blick klar ist, kommst du mit deinem Bewusstsein wieder in den Raum.

Diese Meditation hilft dir, deinen inneren Frieden zu finden. Sie zeigt dir, dass die Zufriedenheit bereits in dir ist, dass du sie nur annehmen musst.

IV. Deine Schutzübung

Der einfachste Weg, energetischen Schutz zu erhalten, ist an Gott zu glauben. Um das Vertrauen weiter aufzubauen, ist es wichtig, den Schutz der bereits um dich ist, besser wahrzunehmen.

Stelle dir vor, dass bereits morgens, wenn du aufwachst, ein Wesen neben dir steht. Dieses Wesen ist in dieser Übung ein Aspekt Gottes, du kannst dir ein Licht vorstellen und ihm den Namen Jehova geben.

Lebe jetzt einen Tag, als ob dich dieses Wesen ständig begleitet. Erledige alles, deine Arbeit, deine Einkäufe so, als ob du Jehova neben dir spüren und sehen kannst. Achte auch darauf, derart *gütig, liebevoll und großzügig zu sein, wie es dir möglich ist. Wenn du dich wirklich auf diese Übung einlassen kannst, wirst du eine tiefe Veränderung in dir spüren. Du wirst keine Angst mehr haben oder dir überhaupt nur etwas Negatives vorstellen können. All das wird geschehen, wenn du einen Tag lebst, als ob Gott für dich sichtbar ist.*

Das Auge, mit dem ich Gott sehe, ist dasselbe, mit dem er mich sieht.

MEISTER ECKHART, DEUTSCHER PHILOSOPH UND MYSTIKER

Auf diese Weise spürst du den Schutz und die innere Ruhe, die mit uns sind, wenn wir Gott vertrauen.

ABRAHAM

Zu dem Zeitpunkt, da wir Abraham (etwa 2 000 v. Chr.) zum ersten Mal im Alten Testament treffen, ist er bereits 75 Jahre alt. Weitere hundert Jahre, in denen er die Welt bis heute verändern sollte, lagen vor ihm. Abraham steht für die Prüfung des Menschen, für die Tiefe der eigenen Zufriedenheit und für die Fähigkeit, sich Gott hinzugeben und zu vertrauen. Abrahams Liebe zu Gott wurde oft hart geprüft, zum Beispiel in der berühmten Opferszene, in der ihm befohlen wird, seinen Sohn Ismael zu töten, wo ihm dann aber durch einen Engel Gnade widerfährt. Von Abraham können wir lernen, dass wir keine Pläne nur für uns selbst machen können, dass es immer Gott ist, der uns führt und wie bei Abraham unser Leben lenkt. Diese Zufriedenheit mit jeder Lebenssituation und die Hingabe an das Licht haben Abraham zum Stammvater der Juden, Christen und Muslime werden lassen, die sich alle auf einen Gott berufen. Und es war Abraham, der erste Prophet, der den Glauben an das »Eine« an die Menschen vermittelte. Er ist weiterhin der Vater von Ismael und Isaak, von denen die 12 Stämme Israels hervorgingen und die ihn somit zum Stammvater aller Semiten machten.

Wie war es denn bei Abraham? Er vertraute auf die Zusage Gottes, und gerade so fand er Gottes Anerkennung.

PAULUS IM GALATERBRIEF 3,6

Das Vierte Spirituelle Gesetz:

DIE EIGENE KRAFT ANNEHMEN

Durch die eigene Kraft dem Leben begegnen

Einem Gemälde gleich leuchteten die Farben der Natur, das Sonnenlicht schimmerte silbrig auf den sandfarbenen Feldern und verwaisten Büschen. Zwischen Olivenbäumen und Zypressen streifte ein Schatten umher, der hier und dort bewegungslos verharrte. Eine Gestalt wurde sichtbar: Der Fürst der Finsternis stand, in bestickten Gewändern, das lange Haar auf die Schultern fallend, und lauschte den Gedanken der Menschen. Den langgezerrten Ziegenkopf, der genauso dick wie hässlich war, legte er zur Seite, die maßlos großen Ohren bewegten sich eifrig. Er labte sich an den Gedanken der Angst, Neid und Wut, die die Menschen für ihn als Mahl bestellten.

Gemeinhin war der Abend seine Zeit, wenn die Gläubigen nach dem letzten Gebet, dem Engel der Nacht überlassen, schliefen. Er liebte die Dunkelheit, sein Reich, das mit der Dämmerung begann und im Morgengrauen erlosch. Mit einer Vielfalt an Phantasie, Einfällen und Beobachtung quälte er dann jene, die Gott entsagt hatten. Und mit einer stillen Leidenschaft umwarb er die Glaubensschwachen und infizierte sie mit dem süßen Gift der Angst, das ihre Sinne trübte.

An diesem Tag ging er im Sonnenlicht umher, rastlos, ruhelos auf seinen zwei verhornten Hufen.

Hier und da hielt er inne und witterte ein wenig, indem er den Kopf in den Nacken legte und die mächtigen Nüstern in den Himmel erhob. Roch er Angst, lächelte er und huschte zufrieden weiter.

Unweit einer Quelle, zwischen Lämmern und Schafen, die zum Wasser drängten, erkannte er Hiob. Hiob stand, auf seinen Weidestock gestützt, den Blick zum Boden gesenkt und war im Gebet versunken. Der Satan konnte es deutlich hören, die Lobpreisungen, die Hiob zu Gott sprach, den Dank für das Wasser und für die Gesundheit der Tiere. Satan scharrte nervös mit den Hufen, Hiob war gläubig und gerecht und, wie er wusste, ein Günstling Gottes. Er studierte ihn unbemerkt, denn die Guten sind von den Schlechten durch das Licht getrennt.

Wie es seine Art war, hockte sich Satan auf die Hinterbeine, legte diese eng aneinander und lehnte sich dann zurück, um nachzudenken. Er meditierte, ein wenig zögerlich und verdrossen, den Kopf in sonderbarer Abstraktion erhoben, die Augen halb geschlossen. Sinnliche Bosheit stieg in ihm auf, ein Kitzel des Verbotenen, der Hiob zu seinem Opfer machte.

Er konzentrierte sich, sein Umhang zerriss und schüchtern wuchsen Flügel aus vergilbter Haut, mit denen er sich in die Himmel erhob. Er flog nach Osten, nach Eden, dort sprach er mit Gott und schlug ihm eine Wette vor.

Gelang es ihm, Hiob zu verführen, wollte er fortan sichtbar auf Erden wandeln.

Der Schöpfer sah tief in Satan hinein. Er sah die Angst, aus der er sich erschaffen hatte, die Furcht, dem Licht zu dienen. Diese Kreatur, das erinnerte Gott, war einst sein schönster Engel.

Seine Haut war alabasterfarben, sein langes Haar und die samtigweichen Schwingen schimmerten wie Perlmutt. Lobpreisend und die Schöpfung segnend war er den Engeln ein Vorbild an Reinheit und Liebe. Aber dann, als Gott den Menschen erschuf, rebellierte er. Ein Streit entfachte unter den Heerscharen der Engel – er und die Seinen wollten Adam nicht untertan sein. Fortan hasste er das Lichtvolle, wie man alles verabscheut, das dem Niederen enthoben und unerreichbar ist. Er wurde zum Abbild des Bösen, das an der eigenen Garstigkeit litt.

»Hiob«, sagte Satan mit kalten schwarzen Augen, »ist dein Liebling, ihm fällt es leicht, an dich zu glauben, hat er doch immer deine Gunst erhalten. Ich habe ihn genau besehen, er ist gesund, reich und hat viele Kinder.«

Der Schöpfer hatte Mitgefühl für alle seine Wesen. Und somit gab er Satan nach.

Und dieser begann, Hiob in seinem Glauben zu prüfen.

Hiob war gerade dabei, den Segen für die Mahlzeit zu sprechen, als ihn ein Bote erreichte. Seine klaren Augen waren vom Gebet entrückt, als er die Nachricht erhielt, man hatte ihm seine Rinder und Esel geraubt. Hiob blieb vertrauensvoll und gelassen.

Ein zweiter Bote erschien und sprach von einem

plötzlichen Feuer, das die Schafe Hiobs verschlungen hatte. Kaum hatte er diese Botschaft gehört, übermittelte ein anderer Bote den Tod von Hiobs Söhnen und Töchtern durch einen Orkan. Hiob meditierte einen Augenblick, atmete tief und besann sich auf seine Kraft, er fiel auf die Knie und rief in Selbstvergessenheit nach seinem Gott:

»Nackt kam ich aus dem Leib meiner Mutter,
und nackt werde ich dorthin zurückkehren.
Gott selbst hat gegeben und Gott selbst hat genommen.
Der Name Jehovas sei weiterhin gesegnet.«

Er neigte die Stirn zum Boden und setzte sein Gebet fort.

Satan scharrte wütend mit den Hufen. Seine Nüstern zuckten, angestrengt dachte er, wie er Hiobs Leid vergrößern konnte. Da sah er den Rücken Hiobs in der Mittagssonne. Eine Idee reifte in ihm, und er brachte sie erneut dem Schöpfer dar.

Hiobs Körper überzogen nun Pocken, schwarzer Eiter lief aus seinen Poren und entstellte ihn. Als sein Schmerz heranwuchs, versenkte er sich tiefer in seinen Glauben. Gott nimmt und Gott gibt, dachte er, und er wurde von einer Kraft erfüllt, die jenseits alles Menschlichen lag. Sein Glaube trug ihn hoch zu den Sternen, wo er eins mit dem Kosmos wurde. Hiob hatte nun kein Bewusstsein von sich und seinem Körper. Der Schmerz war ein Hauch von Leid im Angesicht der Ewigkeit. In dieser Ewigkeit schwebte er, befreit und endlos.

Engel und Menschen verbrachten einen Augenblick in demütiger Stille. Hiob hatte sich aus einer unberührten Demut in einen Propheten verwandelt, er leuchtete im Angesicht des Schöpfers.

Da er eins mit Gott war, heilte sein Körper mit jedem Atemzug, denn als er zurückkehrte, war es, als wäre keine der Prüfungen je geschehen. Er sah seine Kinder, wie sie sich reckten und lebendig wurden. Er sah den Orkan, der sich in einen sanften Wind zerstreute. Er nahm seine Tiere wahr, die wieder auf der Weide grasten, als wäre alles wie zuvor. Seine Wunden waren fast geheilt. Hiob, der seine Prüfungen mit der Kraft des Glaubens angenommen hatte, wurde von Gott erhört.

Der Fürst der Finsternis aber wurde von dieser Zeit an in sein Reich verbannt. Dort in der Nacht streift er umher, meditierend und wartend, bis ihn ein Mensch durch den Zweifel ruft.

Das Vierte Spirituelle Gesetz – Die Kraft spüren

Die Gestalt des Hiob hat für mich eine besondere Bedeutung. Hiob hat mich immer tief berührt, denn in seinem Handeln zeigt er wahre Kraft. Er nimmt sich über seinen Glauben wahr, er empfängt seine Kraft aus diesem Glauben, der ihm innere Gelassenheit gibt. Hiob ist mein Vorbild für all jene, die bei den kleinsten Widrigkeiten des Alltags die Fassung verlieren und an ihrem Gott zweifeln.

Als Prophet steht Hiob für die ureigenste Kraft in jedem Menschen, eine unermessliche Stärke, zu der jeder gelangen kann, der an Gott glaubt.

Sind wir uns der eigenen Kraft nicht bewusst, leben wir unvollständig. Dieser Mangel zeigt sich in der Wirkung der Lichtarbeit, dem eigenen Leben und der Liebe. Vergisst man die Kraft des eigenen Glaubens, gerät das wahre Selbst in Vergessenheit. Gleich einer Marionette werden wir dann von neuen Werten, neuen Kräften an unsichtbaren Seilen durch das Leben geführt. Und wie Pinocchio erwachen wir eines Tages tatsächlich zum Leben und wissen, dass in uns eine Kraft ruht, die einen Puppenspieler unnötig macht. Wir zerschneiden die Stränge, die uns sicher durch das Erlernte und die sozialen Werte geführt haben, seidene Fäden, die aus den Wünschen anderer gesponnen sind. Sie setzen sich aus dem Denken der Eltern, dem Druck der Umwelt und der eigenen Erwartung zusammen. Sie bilden für lange Zeit die Kraft, die das Leben bestimmt, eine verfälschte Kraft, die keine Gelassenheit gibt. Denn Gelassenheit findet sich nur, wenn wir unsere eigene Kraft leben.

Ist die Kraft in unserem Leben nur Illusion, dann erkennt die Seele sie nicht an. Es ist, als ob wir schlechte Nahrung essen, der Bauch ist voll, wir können aber keine höhere Energie, kein Prana daraus ziehen. Jeder Mensch kann diese Tatsache in sich spüren. Wir können uns mit einer Vorstellung von Energie füllen, eine Idee von Lichtarbeit haben, aber wenn sie nicht unserer eigenen Kraft entspricht, bringt sie uns nicht weiter.

Die eigene Kraft entdecken wir, indem wir an sie glauben

Der erste Schritt zur eigenen Kraft ist, selbst an sie zu glauben. In unserem Leben suchen wir lange Zeit nach einem Menschen oder Meister, der uns bestätigt, dass wir eine spirituelle Kraft in uns tragen. Viele Menschen gehen Beziehungen ein, nur um sich geliebt und besonders zu fühlen, andere suchen einen spirituellen Führer, der ihr Anderssein bestätigt.

Wir suchen jemanden, der an die Kraft, an das Licht in uns glaubt, weil wir den Glauben an uns nicht entwickelt haben. Dabei können wir in jedem Augenblick unseres Lebens entscheiden, unsere Göttliche Kraft anzunehmen; das einzige, was wir dafür tun müssen, ist an Gott zu glauben. Erkennt ein Mensch das Licht an und glaubt er an das, was er tief in sich spürt, so beginnt er seine Kraft neu zu entdecken. Er kann sich dann von den Bestätigungen der äußeren Welt lösen und sich selbst vertrauen.

> *Das Geheimnis eines außergewöhnlichen Menschen ist in den meisten Fällen nichts als Konsequenz.*
>
> GAUTAMA BUDDHA

Diese Kraft anzunehmen ist nicht einfach. Als Kind konnte ich mit Tieren sprechen und Vorhersagen für die Zukunft treffen. Meine eigene Kraft zu nutzen war für mich normal. Aber diese »Kraft« war von meinen Eltern und Lehrern nicht erwünscht. Ich verstand, dass alle fremden Kräfte den Menschen Angst machen, weil sie nicht einschätzbar, nicht kontrollierbar sind. Ich wollte niemanden ängstigen und änderte mich – für eine kurze Zeit hatte ich mich selbst vergessen.

Erst später habe ich verstanden, dass wir nur so weit mit Kraft und Energie umgehen können, wie es unser Bewusstsein erlaubt.

Ein Erlebnis mit meinem indianischen Lehrer hat mir sehr geholfen. In einer warmen Nacht sprach er einmal davon, dass jede Sekunde, die ein Mensch lebt, unverwechselbar ist, dass es kein Wesen im gesamten Universum gibt, das dem anderen gleicht. Mit seinem Blick ins Firmament gerichtet, erklärte er mir, dass jeder Stern für einen Menschen steht, der seine Kraft angenommen hat. Ein Mensch, sagt er, besitzt die Kraft, die Dunkelheit zu erhellen. Die Dunkelheit entspricht im Glauben der Navajo allen Menschen, die ihre Kraft nicht leben. Diese Menschen sehen das Licht der anderen Sterne und richten sich danach aus, können aber aus sich heraus kein Licht erzeugen. In jener Nacht beschloss ich, zu einem Stern zu werden, der anderen hilft, das eigene Licht zu erwecken.

Ich denke häufig an meinen indianischen Lehrer. Er sprach gerne davon, dass alle Lebewesen dafür geschaffen wurden, ihre eigene Kraft, ihr Licht in der Schöpfung zu leben. Aber das geschieht nicht länger, erklärte er, vor allem nicht im Westen. Ist es, das fragte er mich einmal, weil ihr euch nur mit euch selbst beschäftigt? Ich wusste keine Antwort. Stattdessen sah ich vor meinem inneren Auge die Klienten vieler Jahre vorüberziehen: Jene, die täglich meditieren und keine Ahnung haben, wie sie diesen Zustand tagsüber erhalten können; andere, die riesige Ängste in sich tragen und einen Engel um Schutz bitten, an dessen Gott sie nicht glauben. Ich habe Menschen und Tieren sterben sehen, denen ihre Nächsten beim Übergang nicht helfen konnten. Sie konnten ihre eigene Kraft nicht spüren, eine Kraft, die ihnen die Angst zu handeln genommen hätte. Ich erzählte nichts davon, wohl wissend, dass mein Lehrer die Antworten kannte. »Sind deine Leute wirklich derart beschäftigt, sich selbst zu spüren, ihr Glück zu finden und Dinge zu kaufen, dass sie ihre eigene Kraft nicht vermissen?«

Noch vor meinem Leben mit den Navajos hätte ich das verneint. Aber nun konnte ich den Unterschied sehen, und er beschämte mich. Ich hatte einen Gedanken: Konnte es sein, dass wir mit der gewonnenen Zivilisation unsere eigene Kraft verloren haben? Haben wir aufgehört, unsere Kraft in Form von Licht weiterzugeben und spüren uns daher nicht mehr? Ich verstand: Lichtarbeit ohne die Entwicklung der eigenen Kraft ist nicht möglich. Deshalb wirkt sie häufig nicht und kann den Menschen keine höheren Fähigkeiten verleihen. Ich war berührt, weil ich erkannte, wohin viele Lehren der Lichtarbeit führen, und erleichtert, weil wir nur die eigene Kraft annehmen müssen, um den Kreislauf zu unterbrechen.

Mit innerer Gelassenheit teilen und die eigene Kraft spüren

Wahre Lichtarbeit bedeutet, die eigene Kraft zu teilen und daraus eine größere Kraft, das Licht, entstehen zu lassen. Dieses Teilen wird schon bei den kleinen Dingen im Alltag auf die Probe gestellt, zum Beispiel durch die Empfindung, sich gestört zu fühlen, oder die Angst, nicht genug Energie für sich zu bekommen.

Wenn du zum Beispiel in einem spirituellen Seminar bist, lass die Angst um den besten Platz und den bequemsten Stuhl los. Habe keine Angst davor, wenn ein anderer Teilnehmer etwas länger spricht und Zeit für sich in Anspruch nimmt.

Genau die Angst ist es, die dich hindert, etwas zu sehen. Angst stoppt jegliche Form von Energiefluss.

Zu Beginn des spirituellen Wachstums ist der Mehrzahl der Suchenden nicht bewusst, wie wichtig die eigene Kraft ist. Vielfach herrscht die Idee, dass die eigene Kraft automatisch mit den anderen spirituellen Fähigkeiten wächst. Man vergisst die Kraft, die man bereits zu Beginn in sich trägt, die Kraft, die der Liebe entspringt und die jeder Menschen für sich anders zu spüren vermag. Stattdessen ist das Verständnis der eigenen Kraft an Vorstellungen gebunden, die zur Kontrolle der eigenen Ängste dienen.

Wie wichtig und heilend es sein kann, an etwas zu glauben und die Kraft aus der eigenen Liebe zu nehmen, habe ich bei einem Interview erlebt.

An einem Samstag vor vielen Jahren war ich Gast bei einem Radiosender. Man hatte mich auf Anraten einer spirituell interessierten Redakteurin eingeladen.

Das Thema war: Was ist spirituelle Kraft? In der Sendung war es möglich, live mit den Anrufern zu sprechen. Während ich angekündigt wurde, hörte ich die Wörter »Engel sehen«, »hellsichtig«, »finanzielle Sicherheit durch mediale Fähigkeiten« und dergleichen. Eine Schwere legte sich auf meine Brust. Die Redakteurin, die hinter einer Glaswand im Nebenraum war, wechselte mit mir einen schockierten Blick. Mein Moment zu sprechen war gekommen, ein tiefer Atemzug half mir, Kraft zu schöpfen: »Die Entwicklung der spirituellen Fähigkeiten bedeutet zunächst nichts von alledem. Fähigkeiten wie Hellsehen und medial zu sein sind der Zuckerguss nach vielen Jahren Arbeit. Spirituelle Fähigkeiten sind zuerst einmal Empathie, innere Reinheit, ein großzügiger Geist und Hingabe an das Licht. All diese Fähigkeiten sind getragen von der eigenen Kraft.« Stille im Studio – eine mir unendlich lang erscheinende Pause, dann wird die erste Anruferin durchgestellt. Die Anruferin (entrüstet): »Aber mein Engel hat mir gesagt, dass ich medial begabt bin. Und dass ich anderen mit dieser Gabe helfen sollte, das ist meine Lebensaufgabe, der hat nichts von innerer Kraft erzählt.« Meine Antwort (ruhig): »Sehen Sie, was ich gerade anhabe?« Anruferin (irritiert): »Nein, was soll das denn jetzt?«

Ich frage weiter: »Konzentrieren Sie sich, welche Farbe hat meine Bluse?«

Anruferin (verärgert und wenig medial): »Ich habe noch die Kartoffeln auf dem Herd.« (Legt auf).

Der Moderator versucht, die Situation zu retten, indem er von meinem damals gerade erschienenen Katzenbuch erzählt. Ich lasse die Situation völlig los und gebe mich hin. Da geschieht etwas Wundersames und Unglaubliches. Er beginnt von seiner Katze zu erzählen. Er beschreibt sie, ihr Fell, ihre Augen und wie sie ihm und seiner Familie Freude bringt. Während er so spricht, sind alle Anwesenden gerührt. Wir erfahren, dass das Tier sehr krank war, einen Tumor an der Milz hatte. Wie seine Frau sich in den ersten Reiki-Grad einweihen ließ, um der Katze helfen zu können. Wie die beiden Kinder für das Tier gebetet haben und wie die Katze, 17 Jahre alt, die schwere Operation überlebte und trotz aller tierärztlichen Prognosen noch mit ihnen lebt. Er stockt und hat Tränen in den Augen.

Ich wende mich dem Mikrofon zu. »Wie kann ein Mensch seine spirituelle Kraft besser entwickeln, als mit seiner Liebe einem anderen Lebewesen zu helfen?«

Die eigene Kraft liegt in uns, sie zu leben bringt uns dazu, gelassen jede Prüfung anzunehmen und das Licht zu teilen.

GEDANKE:

Ich bin ein Ausdruck der Göttlichen Kraft.

I. Die praktische Klärung deiner Energien

Um deine Kraft wirklich wahrzunehmen ist es wichtig, alle belastenden Energien loszulassen. Diese Klärung sollte in allen deinen Lebensbereichen stattfinden. Beginne am besten mit deinem Körper durch eine Entgiftung oder Fasten und entlasse auf diese Weise alle unreinen Energien. Es gibt mittlerweile schon viele Entgiftungskuren, die du bequem in deinen Alltag integrieren kannst.

Trenne dich weiterhin von den Dingen, die nicht deiner eigentlichen Kraft entsprechen. Alles, womit du lebst, ist ein Ausdruck deines Wesens, und du sollest daher genau überlegen, womit du dich umgibst. In der Regel ist weniger besser als mehr.

Viele Dinge kannst du anderen Menschen schenken und damit konkrete Hilfe leisten.

Lerne, einen neutralen Raum zu schaffen, den du mit deiner Kraft neu füllen kannst. Vielleicht musst du auch umziehen, um diesen Freiraum zu schaffen. Meditiere darüber und setze dir einen festen Zeitrahmen, um in Etappen loszulassen.

II. Lebe deine Kraft, als würdest du sie kennen

Der einfachste Weg, um eine neue Kraft anzunehmen, ist so zu leben, als würde man sie bereits in sich tragen. Viele Menschen fürchten sich vor einem ersten Schritt, weil sie denken, sie könnten Fehler machen. Dabei gibt es keinen größeren Fehler, als das Annehmen der eigenen Kraft im Leben hinauszuzögern. Überlege dir nicht, wie oder was die neue Kraft für dich bedeutet, beginne einfach damit, sie zu leben. Denke, fühle und handle, als wäre eine enorme Kraftquelle in dir, der du vertraust.

III. Die Trauer über mangelnde Kraft überwinden

Die meisten Menschen tragen eine stille Trauer über ihre ungelebte Kraft in sich.

Diese zeigt sich in Missmut und Launen, die andere für diesen Zustand verantwortlich machen. Sei ehrlich und suche in dir nach diesen Gefühlen. Lerne, sie loszulassen und triff Entscheidungen, die zeigen, dass du für dich und dein Leben Verantwortung übernehmen kannst. Wer gibt dir das Recht, dich nicht mit all deiner Kraft in die Schöpfung einzubringen?

IV. Vertraue der Gelassenheit

Viele Menschen finden ihre innere Gelassenheit erst im hohen Alter, dann, wenn sie gelernt haben, zu entspannen. Wenn du bereits jetzt lernst, den inneren Druck loszulassen und einfach neutral, in deiner Ruhe zu sein, werden sich dir neue Perspektiven eröffnen. Dein Sehen, Spüren und deine Wahrnehmungen werden um ein Vielfaches verfeinert. Du kannst deine Gelassenheit als eine spirituelle Übung, eine Praxis für sich betrachten, die es zu erlernen gilt. Du hast in jedem Augenblick die Möglichkeit, dich aus der Unruhe in die Gelassenheit, aus der Kontrolle in das Vertrauen zu bringen. Eine gute Hilfe ist, sich dabei innerlich an der Figur eines Buddhas zu orientieren. Sein Gesicht, seine Körperhaltung drücken tiefe Gelassenheit und eine starke Präsenz im Hier und Jetzt aus.

HIOB

Die Geschichte Hiobs, der bereits als Job oder Ijob in den frühen mesopotamischen und jüdischen Schriften erwähnt wird, setzt sich aus mehreren Überlieferungen zusammen. Erst in der Fassung des Alten Testaments wird er zu der Person Hiob, die wir mit dem Ausdruck der »Hiobsbotschaften« verbinden.

Hiob war für die frühen Bibelschreiber von besonderer Wichtigkeit, denn er zeigt die Kraft, die durch den Glauben entsteht und wie wir mit ihr den Prüfungen des täglichen Lebens begegnen können. Besonders interessant ist der Dialog zwischen Gott und Satan, dessen Name eigentlich »der Ankläger« bedeutet. Diese Passage gilt als sehr alt und wird ursprünglich einem Dialog der Schöpfungsengel über die Schöpfung der Menschen zugeordnet. Hiob als Person war sich der Fehlbarkeit des Menschen bewusst und betete und opferte daher zum Beispiel für seine Kinder, weil er wusste, dass ihre reine Existenz Energie aus der Schöpfung nimmt. Er lehrt uns die Kraft des Glaubens und das Bewusstsein für positive und negative Aspekte der Schöpfung und dass es unsere Entscheidung ist, wie wir diesen begegnen. Auch Hiob erlebt eine Phase, in der er an sich und Gott zweifelt, dabei vergisst er Gott jedoch nie und erfährt dadurch letztendlich Gnade.

So vertrage dich nun mit Gott und mache Frieden.

HIOB 22, 21 (ELIPHAS ZU HIOB)

Das Fünfte Spirituelle Gesetz:

Die eigene Wahrheit leben

Mit der eigenen Wahrheit in Einklang kommen

Vorsichtig setzte der Elefant einen Fuß vor den anderen. Jede seiner Bewegungen war präzise einstudiert. Er hatte gelernt, seinen Führer zärtlich zu tragen und noch wichtiger, den jungen Herrn, den er in einer Sänfte auf seinem Rücken barg. Mit Gold geschmückt blendete er die Zuschauer mit seiner Pracht, ein Effekt, der beeindruckte und gewünscht war und den Prinzen kostbar machte. Die Haut des Tieres hatte man bemalt, es war ein wandelndes Gemälde aus blauer, roter und purpurner Farbe, es wurde eins mit dem Blumenschmuck der Straße. Begleitet von Hofdamen und Priestern der höchsten Kasten folgte der Elefant einem genauen Weg. Eine namenlose Zahl an Dienern schickte sich an, diesen mit edlem Räucherwerk zu segnen, wie es in heiliger Handlung seit Jahrhunderten geschah. Die Blüten, die eifrige Höflinge warfen, fielen als ein behutsamer Gruß des Prinzen sanft auf sein Volk.

Siddharta, hoch oben in seiner Sänfte, ahnte nichts von alledem. Sein Vater hatte liebend und nichts dem

Zufall überlassend alles gewissenhaft arrangiert. Der junge Sohn sollte vom Leiden der Welt nichts erfahren. Auf diese Weise war Siddharta zum kostbarsten Juwel des Hofes geworden. Sein Leben und alles, was er für dieses hielt, war makellos und schön. Er lebte in einem goldenen Käfig aus Fürsorge und Eitelkeit, der ihn vor allen weltlichen Sorgen verbarg.

Als die Prozession zu Ende war, glitt sie einer blumengeschmückten Schlange gleich leise zwischen den mächtigen Toren des Palastes hindurch und verschwand.

Wenig später fiel Siddharta auf seidenen Kissen in tiefen Schlaf. Während der Duft feiner Räucherungen und Öle seinen Geist umfing, glitt er in die Welt der Vorhersehung, die den Propheten und Weisen vorbehalten ist. Im Traum sah er einen alten Mann, verdorrt und ärmlich stand er da, seine Haare reichten ihm bis zu den Lenden, ein Tuch bedeckte spärlich seine Scham. Der Alte kam zu ihm und reichte ihm die Hand. Sie war faltig und kalt. In den Augen des Fremden, die in tiefen Höhlen lagen, erkannte er sich wieder, ihr einst lebendiger Glanz war erloschen. Auch sein Gesicht hatte nicht mehr den edlen olivfarbenen Ton, stattdessen war seine Haut braun und fahl wie die Hülle eines alten Baumes. Die ehemals beneidenswerten Wangen waren zu knochigen Höckern zerfallen. Seine Lippen, die unter den Frauen des Palastes viel Erwähnung fanden, waren zu einem dünnen Strich geworden, der die Leidenschaft lang vergessen hatte. Das Leben war aus dem Körper entwichen.

Dann erwachte Siddharta zitternd. Mühsam erhob er sich von seinem Lager. Der Kopf und die Glieder waren ihm schwer. Eine magische Kraft hatte ihm für einen kurzen Moment die Jugend genommen und diese mit der schnöden Sterblichkeit vertauscht. Auf diese Weise mit seiner Vergänglichkeit konfrontiert erkannte er, was das Leben wirklich war.

Er fühlte, dass das Wissen und die ererbte Nähe zu den Göttern nichts zählte, wenn er nicht das Leiden der eigenen Existenz verstand. Tief berührt sah er sich um und überlegte. Siddharta schickte seine Diener fort. Er küsste seine Frau und erwartete sehnsuchtsvoll die Nacht.

In die einfachen Kleider eines Boten gehüllt, verließ er den Palast und schlich sich im Schutz der Dunkelheit davon. Er war aufgeregt wie ein ungehorsames Kind, sein Herz pochte und die Süße des Verbotenen gab seinem Abenteuer einen köstlichen Reiz.

Niemals, das hatte der Vater gesagt, sollte Siddharta alleine den Palast verlassen.

An dem alten Dorfweg gegenüber hüllte sich derweil ein Bettler enger in seine Lumpen. Als er gerade wieder in seine Schlafstatt aus Palmblättern sinken wollte, sah er, wie eine Gestalt eilig über die Mauern des königlichen Hofes kletterte. Behände und flink ließ sich der Mann an einem Seil herunter. Aber er war weiter nicht darin geübt, denn im letzten Drittel des Weges konnte er das Seil nicht mehr greifen und mit einem dumpfen Geräusch fiel sein Körper zu Boden. Schnell erhob er sich und lief davon, hinein in die Dunkelheit, vorbei an dem Bettler. Dieser glaubte in einem Augenblick der Verwirrung, die edlen Züge des Prinzen zu erkennen. Noch bevor er den Gedanken weiter fassen konnte, war die Gestalt in der Dunkelheit verschwunden, und er selbst glitt in einen Schlaf aus hungrigen Träumen.

Das Fünfte Spirituelle Gesetz – Die eigene Wahrheit erfahren

Für eine lange Zeit gleicht jeder von uns dem jungen Prinzen. Vielleicht werden wir nicht auf einer Sänfte getragen und leben in einem goldenen Käfig wie Siddharta, dennoch sind wir unfrei, solange wir nicht die eigene Wahrheit in unserem Leben erkannt haben.

Das Licht als die einzige Wahrheit im Leben anzunehmen bedeutet, den Kreislauf des Leidens, der Abhängigkeit und der Angst zu durchbrechen.

> *Laufe nicht der Vergangenheit nach und verliere dich nicht in der Zukunft. Die Vergangenheit ist nicht mehr. Die Zukunft ist noch nicht gekommen. Das Leben ist hier und jetzt.*
>
> GAUTAMA BUDDHA

Zuerst müssen wir uns bewusst werden, dass jede Form von mangelndem Licht im eigenen Leben Leiden bedeutet. Sicher nimmst du dieses Leiden zu Beginn nicht wahr, vielmehr wirst du ähnlich wie der junge Prinz mit den Äußerlichkeiten des Lebens beschäftigt sein. Solange du der scheinbaren Sicherheit vertraust, bleibt das verdeckte Leiden unsichtbar.

Verändern sich Lebensumstände, zum Beispiel durch Schicksalsschläge, werden wir mit den eigenen Ängsten und dem damit verbundenen Leiden konfrontiert.

Erst dann beginnen wir zu verstehen, dass wir durch unsere Ängste leiden, wir erkennen, dass ein tieferer Sinn im eigenen Leben fehlt. Uns fehlt eine Wahrheit, die uns unabhängig von dem macht, was mit uns geschieht.

Die eigene Wahrheit zulassen

Für mich tritt die eigene Wahrheit bei einem Menschen zutage, wenn seine erlernten Masken wegfallen. Jeder von uns hat bereits Augenblicke erlebt, in denen er nicht mehr aus dem Verstand heraus agieren konnte und in denen die Gefühle einfach die Kontrolle übernommen haben. In diesen Momenten erfahren wir, wer wir wirklich sind. Es sind die Prüfungen, auf die man sich nicht vorbereiten kann, weil sie plötzlich und unvermittelt in unser Leben treten. Wie du mit solchen Umständen umgehst, zeigt dir, wer du wirklich bist. Es gibt keine bessere Möglichkeit als einen extremen Moment, um zu erfahren, ob die eigene Realität standhält, ob man wahrhaftig die Person ist, für die man sich hält.

Du kannst dir ganz einfach vorstellen, was geschieht, wenn du in einem Aufzug feststeckst, du bei einem Autounfall Menschen retten musst oder wie du reagierst, wenn du einige Tage hungerst.

Viele unangenehme Aspekte unserer Persönlichkeit zeigen sich erst unter Druck und wenn wir Situationen in unserem Leben nicht kontrollieren können. Hier zeigt sich die Essenz unseres Wesens, das, was wir wirklich sind. Dies ehrlich zu erkennen ist eine wichtige Voraussetzung, um in der Lichtarbeit authentisch zu sein. Denn es zählt nicht das, was wir für die eigene Wahrheit halten, sondern das, was bleibt, wenn man dir alles nimmt. Es gibt Menschen, die in derselben Situation komplett unterschiedlich reagieren, je nachdem, wie sie Gott wahrnehmen. Ich kenne Holocaustüberlebende, die weich und friedvoll sind. Andere wiederum sind verbittert und traurig. Es liegt an der spirituellen Wahrheit des Einzelnen, wie er mit einer Prüfung umgeht.

Wenn du alles verlierst, worüber du dich definierst, bleibt dir nur dein Glaube, und dieser wird zu deiner Wahrheit.

Die meisten Menschen verlieren ihren Glauben in schwierigen Situationen sehr schnell. Auch in der westlichen Lichtarbeit sieht man vielfach die Masken oder ein Konzept, das sich ein Mensch zugelegt hat und das er für seine Wahrheit hält. Ich erinnere mich an ein Seminar zum Thema Tierkommunikation. Die Teilnehmer gerieten in eine lebhafte Diskussion über das Thema Vegetarismus. Schnell stellte sich heraus, dass eine Dame ihr vegetarisches Dasein zu ihrer Glaubensgrundlage gemacht hatte und für die unbedingte Voraussetzung der Lichtarbeit hielt. Nach einer Weile unterbrach ich das Gespräch und fragte sie, ob sie ohne Angst in ein brennendes Haus gehen würde, um ein fremdes Tier zu retten. Wenn du den Spielraum deiner eigenen Wirklichkeit veränderst, ihr einfach einen größeren Rahmen gibst, zeigt sich schnell, wie real sie ist.

In der Regel tragen Menschen, die in einem Bereich

sehr dogmatisch sind, tiefe Ängste in sich und kreieren eine alternative Wahrheit, die sie entsprechend intensiv vertreten. Das ist normal, solange wir unseren Glauben noch nicht wirklich gefunden haben.

Dem Licht vertrauen

Zu Beginn unserer Entwicklung liegen zwischen den grobstofflichen Gefühlszuständen des Alltags und den feinstofflichen, energetischen Zuständen der Meditation riesige Unterschiede. Was wir durch das Greifen, das Sehen, Hören, Riechen und Schmecken wahrnehmen, bildet unsere Realität. Diese Sinne erzeugen unsere Vorstellung, die unsere Haltung zum Leben und in der Folge das Leben selbst formt und ihm Gestalt verleiht. Wir müssen verstehen, dass der Großteil unserer Wahrnehmung nicht von einem freien Denken und logischen Überlegungen herrührt, sondern durch unsere Sinneswahrnehmung entsteht. Unsere Sinne sind es letztlich, die unsere Wahrheit formen. Unser Ego ist Teil dieser Wahrnehmung und bildet aus ihr unsere Wünsche und Bedürfnisse. Auch unsere Hoffnungen und Träume sind häufig Sehnsüchte des Egos.

Durch Meditation, Gebet und Lichtarbeit erheben wird die Sinne. Tun wir dies nicht, kann ein Leben nach dem anderen vergehen, und man wird unweigerlich bei jeder Wiedergeburt mit den gleichen Wünschen und Sehnsüchten konfrontiert, denn unsere Handlungen und Wahrnehmung im Alltag bauen auch auf den Sinneswahrnehmungen vergangener Leben auf.

Deine Sinne bilden dann eine Fiktion – wahres Licht auf dieser Grundlage aufzubauen ist nicht möglich. Alles, was du erfährst, was du für Licht oder Lichtarbeit hältst, ist geprägt von der Erinnerung und den Wünschen vergangener Leben und deren Sinneswahrnehmung.

Ein erster Schritt, um diesen Kreislauf zu durchbrechen, ist, ihn zu erkennen.

Jeder von uns muss zu Beginn seiner spirituellen Entwicklung sehen, wie er überhaupt wahrnimmt und worauf seine Sinneswahrnehmungen beruhen. Dies können alte Ängste, Wut oder Ohnmacht sein, jene Emotionen, die unser Wesen prägen und wahrscheinlich auch im letzten Leben beeinflusst haben. Diese »Verzerrungen«, wie sie die Kabbala nennt, führen zu einer Fehleinschätzung des Sehens und Spürens bei Meditationen und in der Lichtarbeit. An meiner Schule bringen die Lehrer sehr viel Energie auf, um die Sinne der Teilnehmer in den ersten Kursteilen derart zu reinigen, dass sie überhaupt klar wahrnehmen können. Dies ist ein sehr anstrengender Prozess, denn die Ängste, die mit dem Wahrnehmen verbunden sind, müssen dabei verarbeitet werden.

Indem du als Mensch Verantwortung für die Klärung deiner Sinne übernimmst, kommst du deiner Wahrheit ein bedeutendes Stück näher. Du hinterfragst deine bisherigen Sicherheiten und die Sinne, welche diese erschaffen haben.

Um Verantwortung für deine Wahrnehmung zu übernehmen, benötigst du eine lichtvolle Struktur. Als ich begonnen habe, nach den Ratschlägen meines jüdischen Lehrers zu leben, haben wir zuerst an meiner Struktur gearbeitet.

Hier ging es nicht um die Struktur in höheren spirituellen Welten, sondern um eine Veränderung in meinem alltäglichen Leben, all dem, was ich bereits als meine Wahrheit manifestiert hatte.

Ich veränderte meine Essensgewohnheiten, die vegetarisch und vegan waren, aber nicht aus regelmäßigen Mahlzeiten bestanden. Ich hatte tägliche Meditationszeiten und Gebete, die meinen Energieaufbau und die Reinigung meiner Sinne unterstützen sollten. Weiterhin haben wir alles verändert, was Energie aufzehrt. Hierzu gehörten zum Beispiel der Verzicht auf Ablenkungen wie das Einkaufen, Fernsehen und die kleinen Süchte des Alltags wie Kaffee und mein spätes zu Bett gehen.

Schon nach den ersten drei Monaten hatten sich meine Sinneswahrnehmungen bedeutend verändert, ich war ruhiger und konnte unter anderem in der Energiearbeit klarer wahrnehmen.

Auch in meiner Praxis arbeite ich mit den Klienten zu Beginn an deren Struktur, der inneren Haltung zu den Dingen, aber auch einfach an der Art und Weise, wie sie in ihrem täglichen Leben Energie aufbauen. Nach nur wenigen Monaten wird die unstrukturierte Energie, die bisher in Zerstreuung und innere Unruhe geflossen ist, in eine lichtvolle Kraft umgewandelt, die dem Erkennen der eigenen Wahrheit dient.

Sind diese ersten Schritte getan, ist es wichtig, dass man die kleinen Erfolge und Veränderungen anerkennt und würdigt. Fast alle, die sich dem Licht zuwenden, erwarten zu schnell zu viel. Der dabei aufgebaute innere Druck macht den Fluss jeder lichtvollen Energie unmöglich. Vielmehr solltest du sanfte Veränderungen in der Wahrnehmung von Licht beobachten, ob in der Meditation das Licht heller wird, sich dein Körper tiefer entspannen kann, ob du tatsächlich das Gefühl hast, dass die Energie im Raum positiver ist als zuvor. Kannst du diese Veränderungen für dich spüren, dann lasse dich tiefer auf deine neue Struktur ein. Sei sanft zu dir und gib dir Zeit, in einem neuen Vertrauen das Licht und deine Wahrheit anzunehmen.

Die eigene Unvollkommenheit

Mit jedem neuen Aspekt des Lichts, den wir erkennen, wird uns die Vollkommenheit der Schöpfung offenbart. Es sind die Momente, in denen wir auf ein Gebirge blicken und die Urkraft der Erde wahrnehmen oder am Himmel nach einem Sturm das zarte Licht sehen, wie es die Wolken durchbricht. In Gott gibt es keinen Anfang und kein Ende, alle Schöpfung ist ein beständiges Sein in unterschiedlichen Momenten der Manifestation. Je mehr wir uns mit der Natur und der schöpferischen Allmacht der Dinge verbinden, desto lächerlicher erscheinen unsere Ängste und Nöte. Wir erkennen den Egoismus unserer menschlichen Natur im Angesicht der Göttlichen Ewigkeit. Wir erkennen unsere menschliche Unvollkommenheit.

Sie ist Teil unserer Wahrheit.

Ich sehe immer wieder, dass Menschen ein großes

Problem haben, ihre Unvollkommenheit anzunehmen. Die Momente, in denen diese durch Ängste, Wut oder Einsamkeit erfahren wird, werden in Sarkasmus oder übertriebenen Humor gekleidet. Es fällt schwer, zu dem »nackten« Gefühl der Unvollständigkeit zu stehen. Dabei ist nichts natürlicher als jenen Zustand der Existenz anzunehmen, der eben nicht gottähnlich ist, sondern menschlich.

Persönlich glaube ich, dass das Leben viel leichter wird, wenn man seine Unvollkommenheit annimmt.

Ich habe gelernt, dass es mir gut tut, an vielen Aspekten meiner Unvollkommenheit zu arbeiten. Es hilft mir, mich noch mehr in Hingabe, Tugend und Mitgefühl zu üben, davon kann man nicht genug haben. Aber ich weigere mich, an meiner Unvollkommenheit zu arbeiten, indem ich so tue, als müsste ich vollkommen sein. Als Mensch kann ich mich in meinem Menschsein vervollkommnen, in all den geistigen und weltlichen Prinzipien, die uns von Gott durch die Propheten und Engel offenbart wurden. Ich kann jedoch nicht vollkommen sein, das ist nur Gott, Allah oder Jehova selbst.

Mit einem derartigen Erkennen verändert sich das Leben. Es wird leichter, und der innere Druck fällt weg. Es ist dann erfüllt von Leichtigkeit und der Schönheit der Schöpfung.

Ich treffe viele Lichtarbeiter, die enttäuscht sind, weil ihnen gewisse Übungen oder Techniken nicht den gewünschten Effekt bringen. Wenn wir unser Gebet, unsere Techniken nicht durch ein Streben nach einem höheren Licht und dem Erkennen der eigenen Wahrheit verstärken, sind diese leer und wirkungslos. Der Übende ist dann mit der Technik, aber nicht mit der Göttlichen Energie dahinter verbunden. Lasse dich stattdessen von deinem Herzen führen.

Wenn du langsam durch das Erkennen von Licht und den Gesetzen der Lichtarbeit deine eigene Wahrheit formst, wirst du feststellen, dass diese gar nicht so spektakulär und umwerfend ist. Die meisten Menschen sehen mit einem Mal, dass es die kleinen Veränderungen, das neue Denken, ein anderes Selbstbild oder das Einhalten von simplen Strukturen sind, die sie zu ihrer Ganzheit bringen.

Oftmals erkennt man dann, dass das Glück die ganze Zeit zum Greifen nah war und man aus irgendeinem Grund die Hand nicht danach ausgestreckt hat. Wenn du wissen möchtest, wer du wirklich bist und was du in deinem tiefsten Inneren glaubst, musst du dich trauen, danach zu suchen. Ich bin der Meinung, dass uns die eigene Wahrheit ein Leben lang immer wieder begegnet, aber nur die wenigsten Menschen es wagen, diese anzunehmen. Dabei haben wir in einem Leben nur bedingt Zeit, den Zugang zu unserer Einheit aufzubauen. Aus energetischer Sicht geschieht dies im ersten Drittel unseres Lebens.

Wir können unsere eigene Situation als Himmel oder Hölle erfahren – alles hängt von unserer Wahrnehmung ab.

PEMA CHÖDRÖN,
BUDDHISTISCHE NONNE

In diesen ersten dreißig Jahren haben wir am meisten psychische wie physische Energie, um uns eine eigene Wirklichkeit zu erschaffen. Je älter wir werden, desto mehr hängen wir in unseren Vorstellungen und auch an verpassten Möglichkeiten gedanklich fest. Wir bereuen, weil wir begreifen, welche Chancen wir nicht genutzt haben. In diesem Bereich investieren die meisten Menschen sehr viel Kraft, um die nicht genutzten Chancen »aufzuarbeiten«, nicht bedenkend, dass auf diese Weise noch mehr wertvolle Lebensenergie verloren geht.

Stattdessen können wir den Moment nutzen, um unsere neue Wahrheit zu lernen.

GEDANKE:

Ich lebe, liebe und tue alles, als ob es kein Morgen gibt, an dem ich mich verbessern könnte.

Folgende Übungen helfen, das Licht und die Spiritualität im Alltag besser umzusetzen:

I. Den Blick öffnen für das, was wichtig ist

Wenn du willst, dass dein Licht deinen Alltag verändert, musst du lernen, dein Leben anders zu betrachten. Wir Menschen leiden und sind geplagt von dem Wunsch, zu kontrollieren. Diese Kontrolle ist es, die uns anerzogen wird und die das Denken, die Wahrnehmung der Umwelt, des Lichts und Gottes in sehr einseitige Vorstellungen zwängt.

Der Wunsch nach Sicherheit wird zum Gefängnis, aus dem sich die wachsende Seele nur schwer befreien kann. Wenn du erkannt hast, dass die Gewohnheit und der Wunsch, zu kontrollieren, dich beengt, ist es Zeit, einen neuen Blickwinkel einzunehmen.

> *Wenige sind imstande, eine von der Umgebung abweichende Meinung gelassen auszusprechen; die meisten sind sogar unfähig, überhaupt zu solchen Meinungen zu gelangen.*
>
> ALBERT EINSTEIN, DEUTSCHER PHYSIKER UND NOBELPREISTRÄGER

Vielleicht möchtest du folgende Anregungen aufgreifen und in deinem Alltag umsetzen:

★ Beginne jeden Morgen neu und danke deinem Gott dafür, dass du am Leben bist.
★ Übe innere Größe, in jedem Moment, wenn du kleingeistig wirst.
★ Iss eine Mahlzeit in Dankbarkeit dafür, dass sie dir ermöglicht wurde.
★ Sprich ein Gebet.
★ Tue etwas, als ob du es zum ersten Mal in deinem Leben machen würdest, egal, ob du in Wirklichkeit diese Handlung zum tausendsten Mal vollführst.
★ Bestelle ein anderes Gericht in deinem Lieblingslokal.
★ Höre auf, dich sicher zu fühlen, nur weil du nichts Neues wagst!
★ Tue jeden Tag etwas Verrücktes und erlaube dir, aus dem Gefängnis der Gewohnheit auszubrechen.
★ Denke an all die Dinge, die deine Eltern für gut, richtig und anständig gehalten haben, und mache dir an Stelle deine eigenen Gedanken.
★ Helfe einem Mitlebewesen, mehr als einmal pro Tag …

II. Das Streben nach materieller Sicherheit

Die meisten Menschen empfinden materielle Sicherheit als Wahrheit.

Die einen fühlen sich sicher, wenn ihr Konto nicht in den Miesen ist, die anderen brauchen dafür eine Million. Ich kenne sehr viele sehr arme und wenige sehr reiche Menschen – die Ängste bleiben immer gleich. Wer Angst hat, verschiebt sie nur und gibt ihr einen neuen Namen. Es gibt nur wenige Menschen, die wirklich mit Geld umgehen können und die letztlich frei davon sind.

Je mehr wir uns auf materielle Sicherheit konzentrieren, desto weniger sehen wir, dass manifestiertes Geld unsere Energien bindet. Es gibt demnach Zeiten im Leben, in denen es besser ist, weniger Geld zu besitzen, um geistig und energetisch flexibler zu sein. Geld und Besitz verblenden den Menschen, schwächen seine Sinne und lassen ihn Gott über die eigene Bequemlichkeit vergessen. Diesen Leitsatz hat mich mein Sufilehrer, ein älterer Mann, der sich für völlige Mittellosigkeit entschieden hat, gelehrt.

Geld ist nichts wert, solange wir damit nicht Gutes bewirken.

PREDIGER 5,15

Erst wenn ein Mensch gelernt hat, seine Kleingeistigkeit und seine Ängste in Bezug auf Geld abzulegen, ist er fähig, diese Mittel auch sinnvoll einzusetzen. Im Judentum ist Mammon ein Dämon, ein Gott des Geldes, den diejenigen anbeten, die sich von der Macht des Geldes regieren lassen. Er ist es, der Sicherheit suggeriert und die Menschen an das Geld glauben lässt. Glauben stattdessen an die Liebe und an das, was Geld bewirken kann. Es kann Hunger stillen, medizinische Eingriffe ermöglichen und Bildung geben.

III. Die Erkenntnis des wahren Selbst

Für jeden Menschen gibt es einen Augenblick, in dem er sich selbst erkennt. Siddhartas Begegnung im Traum ereilt auch uns. Für den einen ist es ein großartiger Moment, ein Augenblick der Erleichterung, in dem er feststellt, dass er mit sich zufrieden ist. Für andere Menschen aber ist es ein Blick in den Spiegel, in dem sie ihre innere Armut, ihr Alter und den Ausdruck ihrer Emotionen erkennen. Sie sehen, was sie selbst aus sich erschaffen haben. Aus Angst, Gier und Unfähigkeit wird ein Wesen geformt, das der Mensch nie sein wollte. Wie sind deine Gesichtszüge, weich und entspannt, bewusst und klar? Oder siehst du ein Wesen, das aus Angst und mangelnder Selbstdefinition die Konturen im Leben verloren hat?

Jede Form der Selbsterkenntnis ist der erste Schritt zur Veränderung. Erkenne, wer du bist, um dich verändern zu können.

Bestimme, dass

★ du ab heute aufhörst, dich selbst zu bemitleiden,
★ du aufhörst, dein Äußeres mit dem anderer zu vergleichen,
★ du niemand anderes sein willst als du selbst,
★ du von nun an die Verantwortung für deinen Körper übernehmen und ihm nur noch Gutes widerfahren lässt,
★ du die Menschen dafür ehrst, die dich in deinen schlechtesten Momenten ertragen haben.

BUDDHA

Der Buddha, wie wir ihn verstehen, entstammt einer Adelsfamilie in Nordindien und wurde wahrscheinlich 200 v. Chr. als Siddharta (»der das Ziel erreicht hat«) Gautama geboren. Siddharta wurde von der Gottheit Brahma daran erinnert, dass er im letzten Leben versprochen hatte, im kommenden Leben die Menschheit von allem Leiden zu befreien. In seinem 35. Lebensjahr gelangte er meditierend und in Askese unter dem Bodhi-Baum, dem Baum der Weisheit, zur Erleuchtung. Hier wurde er zum Buddha, zum »Erwachten«. Der Buddha, den wir als Propheten verstehen, verkörpert das Prinzip des Maitreya, einem Göttlichen Aspekt, der im Buddhismus als der Buddha der Zukunft oder Weltenlehrer gesehen wird. Maitreya steht für universelle Liebe und Einheit mit allem, was ist, und wir können sagen, dass Gautama Buddha eine Verkörperung dieser Energie darstellt. Buddha zeigt uns in jeder seiner Emanationen, wie wichtig es ist, die eigene Wahrheit zu finden und sich vom Leiden zu befreien.

Er vermittelt, dass wir weder wahres Erwachen noch spirituelle Wahrheit finden können, solange wir uns vor uns selbst verstecken und dem Leben nicht begegnen.

Ihr selbst müsst euch Mühe geben,
die Erwachten weisen nur den Weg.

GAUTAMA BUDDHA

Das Sechste Spirituelle Gesetz:

Die Anwendung der Spirituellen Kraft

Wie wir mit Spiritueller Kraft die Welt verändern

Der Wächter gebot dem Jungen, schneller zu laufen. Das Kind, sechs Jahre, war recht still und zart wie eine Elfe. In golddurchwirktes Leinen gehüllt, eilte es im Laufschritt den Korridor entlang. Sein Wächter dicht neben ihm ließ es nicht aus den Augen. Jeder seiner Schritte hallte auf dem marmornen Boden, und der Tritt des Kindes war ein sanfter Nachklang.

Um diese Zeit des Tages war der Palast in das Licht der untergehenden Sonne getaucht. Die mächtigen Säulen erhielten einen rötlichen Schimmer, sie stützten die Hallen wie die Göttin Nut das Himmelsdach. An diesem Nachmittag hatte der Pharao beschlossen, Moses selbst zu prüfen. Wenige Stunden zuvor hatte er seine Magier befragt und erneut die Antwort erhalten, dass der Junge gefährlich sei. Gewiss, er hatte ihn adoptiert und zu seinem Sohn gemacht. Er, der Pharao, der Gottgleiche und Erste im Land, der Herrscher des Diesseits und der Ewigkeit hatte von seinem Kind nichts zu befürchten.

Und doch, die Magier irrten sich nie. Mit ihren Beschwörungen und geheimen Ritualen vermochten sie in die Zukunft zu sehen. Vor sich selbst war er ehrlich: Er hatte Angst vor einem Kind.

Der Pharao wirkte nachdenklich, als er auf das stille Nilwasser blickte. Er spürte, dass etwas geschehen würde, etwas, das durch die Götter gelenkt wurde und dem er nicht Herr werden konnte. Versonnen starrte er auf den Wasserlauf, der sich an die mattgoldenen Ufer schmiegte. Er sah die Fischer, die ihre Segel herabgelassen hatten und sich vom Abendwind sanft nach Hause tragen ließen. Vor dem Palast spielten mehrere Kinder, darunter einige Jungen, sie mussten etwa in Moses Alter sein.

Er studierte sie und versuchte den Unterschied zu sehen. In ihnen war nichts, was ihn beunruhigte, sie scherzten, warfen einen Reifen aus Schilfrohr umher und balgten sich. Sie wirkten anders als Moses, kindlich und unbefangen.

Dem Pharao behagte dieser Moment nicht. Er hatte ihn lang hinausgezögert, vielleicht zu lang, denn nun hatten die Priester selbst eine Prüfung gefunden, um das Geheimnis des Jungen zu lüften.

Er war sich nicht sicher. Wenn es wirklich der Wunsch der Götter war, einen Findling, einen Bastard auf den Thron Ägyptens zu setzen, würde ihr Wille sicher geschehen …

Aber der Herrscher war zu alt, um sich den Priestern zu widersetzen. Priester und Magier, so dachte er – bloß eine neue Pestilenz, die sich in seinem Land verbreitet hatte. Fast jeden Tag forderten sie mehr Gold für ihre Tempel, größere Heiligtümer für die Götter, während das Volk zu murren begann. Wie lange noch hungerten die Bauern lieber beim Bau der Tempel, als durch die Arbeit auf den Feldern satt zu werden? Wie lange würden die Sklaven, die Juden, die Gefangenen noch stillhalten und sich mit Brot und Wasser zufrieden geben? Er wusste es nicht, genauso wenig wie er wusste, was er von der Prüfung halten sollte, die ihm die Priester aufzwangen. Wo waren die Götter, wenn es um die Unschuld eines Kindes und die Erhaltung seines Reiches ging?

Er hatte geopfert, viele Male aber keine Antwort erhalten. In dem riesigen Thronsaal mit den Statuen aus Alabaster, den goldenen Reliefs und Ornamenten fühlte er sich wie Dekoration, leer und einzig von der Macht erhalten, die ihm die Priesterkaste zusprach. Es klopfte an den riesigen Türen und salutierend kam die Wache mit dem Jungen herein. Einen Herzschlag später öffnete sich die Tür am anderen Ende des Saals, und die Priester betraten eng aneinander geschmiegt wie Schakale den Raum. Der Pharao bestieg nun den Thron, und seine Hohepriester bauten sich zu scinen Füßen auf.

Moses, der Junge, wurde vor den Thron gebracht. Er war still, blickte auf ihn, den Herrscher Ägyptens, und wartete einfach ab. Ein seltsames Kind, dachte der Pharao, jenen Gewächsen gleich, die sich aus schlimmstem Unrat erheben und unweigerlich zur Sonne wachsen, um in ihrer glühenden Gegenwart noch schöner und größer zu werden. Moses, den man aus dem Fluss gezogen hatte, stand seine große Prüfung bevor. Immer noch sah er den Pharao unverwandt an.

Seine Augen, groß und grün, strahlten die Ruhe des Nilwassers aus. Tief und ruhig war sein Blick, zu ruhig, wie die Priester argwöhnisch tuschelten. Sie begannen mit den Vorbereitungen.

Einige von ihnen schleppten in einem Gefäß aus Kupfer glühende Kohlen herbei. Wieder andere trugen in einem Eimer Steine, und ein Dritter brachte eine goldene Schale mit Wasser. Als schließlich alles aufgereiht war, die Kohlen und Steine waren in dasselbe Gefäß gegeben, daneben das Wasser, scharrten sie sich zusammen und starrten mit gierigen Blicken auf das Kind.

Der Pharao, tief in seinem Herzen wissend, dass er Unrecht tat, forderte Moses auf, in die Schale mit Steinen und Kohlen zu greifen. Kaum hatte er dies ausgesprochen, stand die Zeit für ihn still. Er hörte und fühlte nur noch das Pochen seines Herzens und die großen Mengen Blut, die durch seine Adern gepumpt wurden.

Würde Moses ein Stück der Kohlen nehmen, dann wäre er ein Kind, dumm und unbedacht in den Momenten der Gefahr. Würde er aber nach einem der Steine greifen, dann wäre er der Messias, vor dem die Magier ihn gewarnt hatten. Es wäre das Todesurteil für den Jungen, das sich der alte Mann nicht vorzustellen wagte.

Moses richtete den Blick dorthin, wo er seinen Engel sehen konnte.

Der Engel nahm die Hand des Jungen und legte sie auf eine der Kohlen. Im Raum hörte man das Zischen, und weil der Engel die Hand des Kleinen fest umschloss, roch es nach verbranntem Fleisch. Dann führte er die Hand des Kindes mit dem Kohlenstück zu dessen Mund, er zeigte ihm an, diesen zu öffnen.

Ruhig legte Moses die Kohle in seinen Mund.

Mit tränenden Augen und zitternder Stimme befahl der Herrscher dem Kind, die Kohle auszuspucken. Dieses tat, wie ihm geheißen.

Wütend rief der Pharao die Heiler herbei. Er schickte sie nach Salben und ließ den Mund des Jungen mit nassen Tüchern kühlen. Moses sagte noch immer nichts.

Denn der Engel Gottes hatte ihm die Hand auf die Wunden gelegt, er spürte keinen Schmerz. Die ganze Zeit über hatte er den Unsterblichen angesehen, er sah seine Schönheit, spürte seine Liebe und wusste, dass Gott bei ihm war. In vielen Jahren, wenn seine Stimme mächtig unter den Sklaven und Unfreien Ägyptens war, würde er sich an diesen Moment erinnern. Gott hatte ihm die Fähigkeit, klar zu sprechen, genommen, dafür hatte er ihm die Kraft verliehen, ein ganzes Volk aus der Sklaverei zu befreien.

Das Sechste Spirituelle Gesetz – Dein Licht in dieser Welt

Was ist die eigene Spirituelle Kraft?

Diese Kraft, die wir alle in uns tragen, können wir durch das Licht und den Glauben finden. Nehmen wir diese Facetten Gottes an, dann können wir unsere Spirituelle Kraft in unser Leben fließen lassen und mit ihr die Welt verändern.

Die Veränderungen, die wir mit dieser gebündelten Kraft erzielen können, sind schier unendlich. Sie haben nichts zu tun mit der Idee, Licht zu wünschen und zu meditieren, ihre Möglichkeiten sind weitaus intensiver. Im Altertum hat man die Spirituelle Kraft als die Kraft des Glaubens bezeichnet, ein Ausdruck, der ganze Völker bewegt und ihnen die Gründung einer eigenen Identität ermöglicht hat. Diese Glaubenskraft spüren wir heute noch im Judentum, im Islam oder bei der Gemeinschaft der Mormonen, allesamt Kulturen, in denen diese Spiritualität derart ausgeprägt ist, dass uns ihre Intensität und Bedingungslosigkeit ängstigt.

Ich kenne viele Menschen, denen diese Spirituelle Kraft Angst macht. Oft sind sie sich dessen nicht bewusst und lehnen dann fremde Kulturen und deren Zugang zum Licht über Vorurteile ab. Entwickeln sie sich weiter, dann spüren auch sie einen Glauben, aus dem sie schöpfen können.

Die Spirituelle Kraft lenkt unseren Körper und Geist und drückt deren bewusste Verbindung aus. Sie formt beides und gibt die Ausrichtung der Entwicklung an. Diese kann lebensaufbauend oder lebensabbauend sein, Gesundheit und Krankheit haben in dieser einfachen Tatsache ihren Ursprung.

Viele bekannte Fähigkeiten in der Lichtarbeit sind nichts anders als das bewusste Lenken der Spirituellen Kraft. Das Hellsehen, das Channeln, die Fähigkeit zu heilen sind jeweils ein Ausdruck davon.

Als Menschen müssen wir diese Kraft steuern und positiv lenken können, um tatsächlich lichtvoll zu leben.

Etliche Menschen erleben immer wieder Öffnungen, in denen sie ihre Spirituelle Kraft spüren. Sie werden in einem schwierigen Moment geführt oder haben eine Vorahnung, die sich dann erfüllt.

Geschieht dies bei dir, dann solltest du wissen, dass es besondere Momente sind, die sich aber nicht wiederholen müssen. Es sind keine besonderen Fähigkeiten oder Zeichen für eine Spirituelle Berufung, sondern es ist einfach die Spirituelle Kraft, die dir bisher unbekannt war. Je leichter wir die Energien zusammenziehen und gleichzeitig in Liebe mit der Schöpfung sind, desto intensiver fühlen sich diese Öffnungen an.

> *Gefragt ist nicht der Wille zu glauben, sondern der Wunsch zu erkennen, was genau das Gegenteil ist.*
>
> BERTRAND RUSSEL, ENGLISCHER PHILOSOPH UND NOBELPREISTRÄGER

Aus diesem Grund beginnen eine Vielzahl von Menschen mit der Lichtarbeit über die Tierkommunikation. Durch die Liebe zu den Tieren finden sie das Vertrauen, die eigene Kraft zuzulassen und das Tier dann wirklich zu verstehen. In meiner Arbeit mit den Tieren sind mir viele Menschen begegnet, die nach eigener Aussage für sich nie den Spirituellen Weg beschritten hätten. Durch die Liebe und Fürsorge für das Tier haben sie ihre eigene Spirituelle Kraft gefunden.

Natürlich ist die Entwicklung dieser Kraft von dem persönlichen Umfeld, der Familie und der Erziehung abhängig. Menschen, die in einer liebevollen und geistig offenen Umwelt aufgewachsen sind, haben es leichter, das Licht zu erkennen und mit der eigenen Wahrnehmung zu verbinden. Je weniger lichtvoll unsere Eltern und die frühe, prägende Umgebung war, desto schwerer fällt es dem Erwachsenen, der eigenen Kraft zu vertrauen. Er wird die eigene Spirituelle Kraft immer wieder mit den Parametern der Kindheit so lange messen, bis er über diese hinausgewachsen ist.

Die eigene Kraft in der Gesellschaft

Die eigene Spirituelle Kraft zu leben bedeutet, eins zu werden mit der Identität der eigenen Seele. Es ist der Moment, in dem uns eine Kraft zuteil wird, mit der wir aktiv unseren Lebensraum verändern können. Wenn du deine Spirituelle Kraft wirklich spürst, hast du den Wunsch, dein Licht an andere weiterzugeben. Das Bedürfnis entsteht, zu geben ohne zu empfangen. Du möchtest dein Licht teilen und Menschen und Tieren durch positive Handlungen praktisch helfen, und dies einfach dadurch, dass du dich aktiv in Projekte einbringst, die greifbare Hilfe leisten.

Wie du deine Spirituelle Kraft stärken und aufbauen kannst

Wenn du deinen Spirituellen Kräften bewusst begegnest, bauen sich diese schnell in deinem Leben auf. Die Veränderung der Lebensumstände ist es, die zu Beginn den größten Fortschritt bringt. Wenn du die Umstände deines Lebens genau untersuchst, wirst du »Energieräuber« nicht im Außen, sondern in der Art und Weise deiner Lebensführung finden. Hier hast du Macht und Bewusstsein, um diese Mechanismen zu verändern. Um deine Energiekörper gleichmäßig aufzubauen, brauchst du unter anderem ausreichend Schlaf, denn die verschiedenen Schichten der Aura werden von deinem Prana gespeist, das nachts besonders stark fließen kann, da wir es nicht in bewusste Handlungen lenken und verbrauchen. Wer ständig übermüdet ist, muss sich über ein Gefühl der energetischen Schwäche nicht wundern.

Feinstoffliche Belastungen wie negative Gefühle, Druck und Unruhe können mit einer schwachen Aura nur schwer ausgeschwemmt und verarbeitet werden.

Auch sollten Menschen, die sich schwach und müde fühlen, niemals nachts Energiearbeit praktizieren, das gilt auch für Meditationen.

In unterschiedlichen Phasen des Tages herrschen verschiedene Kräfte. Nach Sonnenuntergang sind es die Kräfte der Transformation und Regeneration, die die Belastung des Tages von uns nehmen und uns klären. Fühlt sich jemand schwach und angegriffen, ist die Tendenz groß, die Energiearbeit in die Nacht zu verlegen, weil es dann still ist und man sich geschützt fühlt. In Wirklichkeit aber fällt es den höheren Energiekörpern viel schwerer, Belastungen umzuwandeln. Das gilt besonders für die Zeit zwischen neun Uhr abends und drei Uhr morgens. In diesem Zeitraum meditieren von jeher nur Menschen, die in ihrer Spiritualität sehr gefestigt sind und bereits höhere Bewusstseinsebenen erreicht haben. Sie können die besondere Energie der Transformation kontrollieren.

Direkt verbunden mit der Aufnahme und dem Halten von Spiritueller Kraft ist die Atmung. Die allerwenigsten Menschen atmen tief und bewusst. Wer nicht lernt, korrekt zu atmen, verschenkt einen großen Teil seiner Lebensenergie, denn das fehlende Prana wird mit der Körperenergie bzw. Spannung wettgemacht. Du kannst das gut an dir selbst beobachten: Wenn du tief und gleichmäßig atmest, wird sich dein Körper nach und nach entspannen. Er bekommt genügend Energie, die in die eigene Kraft fließt, so dass du ihr vertrauen kannst. Je angespannter dein Körper ist, desto weniger gut fließt der Atem und umso mehr vertraust du dem, was du spürst, der Körperspannung.

Weil es selten einen ausschließlichen Zustand gibt, befinden sich die meisten spirituellen Menschen in einem ständigen Kampf zwischen diesen beiden Zuständen. Auf derart schlichte Weise lässt sich Spirituelle Kraft bereits im Körper aufbauen oder negieren.

Weiterhin bilden wir mit unserer Ernährung Kraft im Körper. Wir können unsere Nahrung rein nach dem Gehalt von Kohlehydraten oder Eiweiß aussuchen, dann bildet sich nur physische Kraft. Oder wir wählen unsere Nahrung nach dem Gehalt von Spiritueller Energie, von Prana aus. In diesem Fall stellen wir die Sinne auf eine höhere Wahrnehmung um, weg von Brot und Nudeln und hin zu Obst, Reis und Gemüse, einer Nahrung, die kaum vorverarbeitet werden muss und in der viel Licht erhalten bleibt. Die wenigsten Menschen benötigen all die Kalorien, die sie täglich zu sich nehmen. Der Körper ist dann mit der Verdauung beschäftigt und zentriert seine feinstofflichen Kräfte auch im Bereich der Verdauungsorgane wie zum Beispiel dem Magen, um die Verdauung zu unterstützen. Ich erlebe immer wieder Seminarteilnehmer, die der Meinung sind, sich durch schweres

Essen »erden« zu müssen und dann beim Aufbau von hohen Energien die Konzentration verlieren.

Essen wir leicht und mit dem Schwerpunkt auf all jenem, was unter der Sonne gereift ist, fällt das Bilden von Spiritueller Kraft leichter.

Die größte Energie benötigen wir natürlich beim Verzehr von Fleisch oder Fisch, deshalb rate ich gerade zu Beginn der Lichtarbeit dazu, darauf zu verzichten.

Essen wir andere Lebewesen verarbeiten wir immer auch deren Lebensenergie, ihre Erfahrungen und Emotionen mit, ganz davon abgesehen, dass aus Gründen des Mitgefühls und der Empathie natürlich bewusst auf diesen Konsum verzichtet werden kann. Darüber hinaus benötigen Produkte, die stark industriell verändert wurden, sehr viel Energie bei ihrer Verarbeitung, dazu gehören Fast Food, industriell hergestellte Süßigkeiten und Süßstoffe, die dem Körper mehr feinstoffliche Energie bei der Verarbeitung entziehen, als sie ihm an physischer Energie geben.

All dies sind einfache Maßnahmen, über die man mehr Spirituelle Kraft aufbauen kann; sie alle dienen auch zur Erdung der eigenen Energien.*

---

* Die Erdung wird häufig als Ausrichtung der unteren Chakren auf die Erde und die physische Schöpfung gesehen. Im Gegenzug versteht man die oberen Chakren als hauptsächlich verbunden mit den feinstofflichen Energien, was nicht ganz richtig ist, denn alle Chakren des Körpers arbeiten in den verschiedenen Auraschichten und kein Chakra ist letztlich thematisch vom anderen getrennt.

Meditation und Konzentration sind die weiteren Voraussetzungen für eine gleichmäßige Energieverteilung im ganzen Körper und der Aura.

Zuerst rate ich dir, Bewusstsein für die eigenen Gedanken und die Atmung zu entwickeln, ganz einfach indem du beginnst, beides zu beobachten.

Kannst du einen gedankenleeren Raum nicht länger als wenige Sekunden erhalten, ist die von dir visualisierte Energie nur schwach und noch nicht in der Lage, andere Lebewesen zu unterstützen. Gibt man in diesem Zustand Energie weiter, ist es nur der eigene Druck, der fälschlicherweise vom Patienten als Energie erkannt wird.

Tatsächlich sind viele sogenannte Erstverschlimmerungen eigentlich Belastungen des Therapeuten, die vom Energiesystem des Patienten verarbeitet werden. Nach und nach kannst du deinen Schwerpunkt auf eine immer länger werdende Atmung legen und mit der Übung in diesem Kapitel lernen, Konzentration aufzubauen. Gelingt es dir über zehn Minuten hinaus dem Weg des Atmens ohne Gedanken zu folgen, sprechen wir von Meditation.

Es gibt viele Arten zu meditieren. Beim Aufbau von Spiritueller Kraft geht es letztlich nur darum, die Energie des physischen Körpers zu sammeln und mit der geistigen Kraft zu verbinden. Für mich ist eine bewusste Meditation das Versenken in Gott und die Möglichkeit, den für mich innigsten Kontakt mit dem Licht aufzunehmen. Ich denke, jeder sollte sein eigenes Verständnis von Meditation entwickeln mit seinem eigenen Zugang, der individuell bewegt und das Herz berührt.

Über meine Reisen und verschiedene Lehrer habe ich ein großes Spektrum von Meditationen zum Aufbau von Kraft kennengelernt. Sufis bauen Kraft und Energie auf durch das Beten und bestimmte Rhythmen in ihren Bewegungen und lenken diese dann zu jedem Einzelnen. In hinduistischen und buddhistischen Kulturen nutzt man Mudras, spezielle Handhaltungen, die das Nervensystem und die Chakren* des Körpers stimulieren, die Energie aufbauen und sie halten helfen. Bei den Navajo-Indianern sind es der Gesang und der Tanz, die Energie aufbauen und in sehr hohe Bereiche der eigenen Existenz lenken.

Jede Kultur hat ihr eigenes Verständnis, und nach meiner Meinung gibt es daher nur zwei maßgebliche Unterschiede in der Meditation. Zum einen gibt es die Entspannungsmeditation, die in der westlichen Esoterik häufig praktiziert wird. Man lässt sich während der Meditation durch einen Moderator führen und kann die eigenen Gedanken loslassen. Oft wird diese Art zu meditieren mit der Vorstellung von Licht und Engelkräften verbunden. Ich empfehle dir diese Art nur sehr kurze Zeit für den Anfang, da sie nichts mit der eigentlichen Meditation zu tun hat.

Diese ist eine komplette Ausrichtung von Körper und Geist auf das Licht, oder sie bezieht sich auf ein Thema, über das man meditieren möchte und fordert

---

* Nähere Erklärungen zu den Chakren finden sich in meinem Buch »Das Geheimnis von Licht und Schatten, Indianische Lichtarbeit«.

eine ausgewogene Mischung aus Konzentration und Entspannung von Körper und Geist.

Nur sie kann dir helfen, wahrhaft Spirituelle Kraft aufzubauen und die Mantren, Engel und deine Gebete werden die hier fließende Energie real verstärken.

Die eigene Kraft spüren wollen

Die Frage, die man sich in der Lichtarbeit bei jeder Meditation und jeder Übung stellen sollte, ist: Was möchte ich in dieser Übung erreichen und für wen praktiziere ich sie?

Um im Aufbau von Spiritueller Kraft etwas zu erreichen, sollte man ein klares Ziel vor Augen haben. Es ist wichtig, über die eigenen Ängste hinaus dem Licht zu vertrauen und es wirklich spüren zu wollen. Gelegentliche Konzentrationsschwächen und die Angst, sich völlig hinzugeben, gehören zu Beginn dazu. Die meisten spirituellen Menschen sind sich dessen nicht bewusst; Rückschläge und ein verletztes Ego sind die Folge, wenn etwas nicht funktioniert, wie es soll.

> *Gehe ganz in deinen Handlungen auf und denke, es wäre deine letzte Tat.*
>
> GAUTAMA BUDDHA

Die eigene Kraft spüren zu wollen setzt daher eine Reduktion des Ego voraus. Wir müssen lernen, das eigene Ego zu erkennen und darüber hinaus eine Wahrnehmung zu suchen.

Ein lichtvoller Lehrer wird dir nicht als erstes »hochschwingende« Techniken vermitteln, stattdessen wird er mit dir an deiner konkreten Angst und deinen Zweifeln arbeiten. Zu Beginn geht es nicht darum, eine möglichst hohe Schwingung zu erreichen. Deine Schwingung wächst allein mit deinem Bewusstsein und deinem Erkennen von Gott. Deine Ängste und andere blockierende Geisteshaltungen sind es, die ein Lehrer zu Beginn auflösen möchte. Dies ist nicht immer einfach, denn einem Lehrer zu folgen bedeutet, ihm auch in unangenehmen Situationen zu vertrauen.

Die Übergänge zwischen einem Lehrer, einem spirituellen Meister und einem Seminarveranstalter sind im esoterischen Bereich fließend.

Eine gute Lehrerin oder einen Lehrer zu finden ist nicht immer einfach. Generell würde ich Frauen bis auf wenige Ausnahmen immer einen weiblichen Lehrer empfehlen, ganz einfach weil auf diese Weise Spannungen zwischen den Geschlechtern vermieden werden. Es fällt oft nicht leicht, die emotionalen Bedürfnisse von den physischen zu trennen, und es können unbewusste Spannungen zwischen Lehrer und Schüler erzeugt werden, die sich einfach vermeiden lassen. Der nächste Schritt ist es, sich einen Lehrer nicht nach Sympathie, sondern nach der inneren Klarheit, dem Bewusstsein auszusuchen. In der Regel ist das schwierig, denn die meisten Menschen suchen nach der Möglichkeit, sich emotional zu reflektieren und dadurch Gemeinsamkeiten zu erzeugen, auf denen sie ihr Vertrauen aufbauen können. Sicherlich kann man diesen Gedanken mit einfließen lassen – ich würde nie dazu raten, zu einem Lehrer zu gehen, der dir völlig unsympathisch ist. In meinem Leben habe ich festgestellt, dass die wirklich klaren Lehrer meine Emotionen nicht reflektiert haben oder auf irgendeine Weise unterstützt haben. Sie haben diese schlichtweg ignoriert, was sehr heilsam war. Nützliche Fragen, um einen guten Lehrer zu finden, sind beispielsweise wie lange er schon praktiziert, welchen persönlichen spirituellen Weg er gegangen ist und was er zum Beispiel von den Schriften des Buddha, dem Koran oder anderen lichtvollen Offenbarungen hält. Ist ein Lehrer unruhig und beschäftigt er sich nur mit dem Thema Schutz und Ängste, geht es im Unterricht nur um ihn und seine Lehre, dann rate ich, lieber Abstand von dieser Person zu nehmen.

Viele Lehrer sind menschlich sehr liebenswert und unterhaltsam. Letztlich geht es aber darum, dass du jemandem vertrauen kannst, der aus einer wirklich höheren Warte heraus erkennen kann und das Beste – was nicht immer das Angenehmste ist – für die Entwicklung deiner Kraft erkennt.

Solch ein Lehrer ist dann in der Lage, deine persönlichen Themen zu erkennen und deren Auswirkungen auf Körper und Geist sinnvoll mit dir aufzulösen.

Während dieser Auflösung geht es nicht darum, Bilder zu sehen oder möglichst viel von sich zu erfahren, es ist vielmehr das Ziel, sich bewusst dem Licht hinzugeben und eine konkrete Veränderung im Aufnehmen von Licht für sich zu erfahren.

Es ist wichtig, bestimmte Blockaden und Themen

näher anzusehen. Eine generelle Klärung sollte bei einem guten Lehrer oder Therapeuten nicht mehr als drei Sitzungen dauern. Deinen Ängsten, Zweifeln und Widerständen gibst du letztlich selbst die Kraft, die sie dann in deinen Gedanken erhalten. Es gibt etliche Menschen, die sich über Jahre hinweg mit ihren negativen Themen zu beschäftigen wissen und dies dann als Lichtarbeit bezeichnen, was es nicht ist.

Lichtarbeit bedeutet immer, alles, was mich von Gott trennt, in Licht und Spirituelle Kraft umzuwandeln. Bei einem guten Lehrer sollte die größte Veränderung innerhalb eines Jahres geschehen. Danach sollte er dich weiter unterstützen, denn du selbst wirst deinen Weg dann bereits erkennen. Es ist die Einfachheit des Lichts, die wir nach diesen Veränderungen sehen und annehmen können.

Im Rahmen einer Seminarreise habe ich mit einer Gruppe im Jahr 2001 eine Mormonensiedlung in Oregon besucht. Die Mormonen, eine äußerst friedliebende Gemeinschaft, die technische Neuerungen ablehnt, sind fest in ihrem Glauben verankert. Sie haben eine Spirituelle Kraft, die sie auf die Offenbarung des Engels Moroni beziehen, der ihrem Glaubensgründer Joseph Smith erschienen ist. Obwohl sie abgeschieden leben und alles, was sie zum Leben benötigen, selbst produzieren, sind sie in ihrem Glauben und, wenn man möchte, in der Lichtarbeit dem modernen Menschen weit voraus. Sie leben eine Spirituelle Kraft, die sie frei von Ängsten macht und jeden Besucher offen willkommen heißt. Ihre Lebensgrundsätze dienen dazu, die Spirituelle Kraft zu stärken; aus ihr schöpfen sie Kraft für die Aufgaben des Alltags wie den Ackerbau mit dem Handpflug oder die Herstellung der eigenen Möbel. Meine Teilnehmer waren sehr überrascht über die Fröhlichkeit dieser Menschen und der inneren Kraft, mit der sie Problemen begegnen. Als ich mir Zeit nahm, um den Hufschmied zu besuchen und seine Herangehensweise bei Krankheiten zu erfragen, gesellte sich eine junge Frau zu mir.

Wir begannen ein Gespräch, und ich habe ihr erzählt, dass ich eine Reise mit meinen Teilnehmern mache, um das Licht in anderen Kulturen zu zeigen und greifbar zu machen. Sie erzählte mir daraufhin von ihrem Glauben, davon, wie sie jeden Morgen bei Sonnenaufgang aufsteht und die Tiere versorgt und erst hinterher selbst frühstückt, wie sie um Kraft für den Tag betet und dafür, ein guter Mensch zu sein, der von der Erde nicht mehr nimmt als er der Gemeinschaft an Licht geben kann. Sie sagte zu mir, dass der Mensch während seines Lebens aus seinem Glauben Kraft schöpfen muss, eine Spirituelle Kraft, die Kraft für die Aufgaben des Tages gibt. Dann verschwand sie wieder, die Wäsche müsse noch gemacht werden. Was und wie sie es sagte, war derart einfach und ungekünstelt, dass es in seiner Wahrhaftigkeit den modernen Menschen mit seinem Zweifel an der eigenen Kraft schwach und hilflos wirken ließ.

GEDANKE:

Manche Menschen sehen die Dinge, wie sie sind, und fragen: »Warum?« Ich träume von Dingen, die es noch nie gegeben hat, und frage: »Warum nicht?«

GEORGE BERNHARD SHAW,
IRISCHER DRAMATIKER UND SATIRIKER

Folgende Gedanken helfen dir, deine Kraft besser umzusetzen:

1. Erinnere dich an den Sinn deiner Existenz

Du bist auf diesem Planeten geboren worden, um mit deinem Licht etwas zu verändern, was ohne dich nicht möglich ist. Solange du zauderst und die wichtigen Entscheidungen in deinem Leben nicht triffst, kannst du kein Lichtarbeiter sein. Ein Lichtarbeiter ist aktiv, lebendig und trifft so viele bewusste Entscheidungen wie möglich, um durch seine Energie Positives auf der Erde zu bewirken. Ein Lichtarbeiter ist ein Entscheidungsträger, der andere mit seinem lichtvollen Handeln in die eigene Handlung bringt. Erinnere dich also, wer du bist, und lebe deine Kraft bewusst.

Du wirst nichts in deinem Leben verändern können, solange dein Wunsch nach Licht nur eine leere Behauptung ist, die du nicht mit deinen aktiven Handlungen füllst. Solange wirst du das wahre Licht nicht spüren. Triff Entscheidungen, die dein Leben verändern und in neue Bahnen lenken. Vertraue nicht dem Vertrauten, sondern dem, was du tief in deinem Bauch spürst. Setze dich für deine Entscheidungen ein, indem du nach ihnen lebst und nicht deinen Ängsten und deiner subjektiven Sicherheit den Vor-

rang gibst. Mit jeder Entscheidung, und sei sie noch so winzig, kann sich dein Leben verändern. Spüre und handle nach deinen Entscheidungen, niemand sonst wird sie für dich treffen.

II. Lerne aus deinen Fehlentscheidungen

Niemand, auch kein Prophet, hat mit all seinen Entscheidungen richtig gelegen. Wir sind Menschen, und es ist normal, dass unser Urteilsvermögen hier und da getrübt ist. Das ist der große Spaß deiner menschlichen Existenz: Alles, auch wenn es sich hinterher als falsch herausstellen sollte, bringt dich weiter. Es nützt nichts, zu hadern und die Verantwortung bei anderen zu suchen. Du kannst in jeder Sekunde deines Lebens für dich wählen, und manchmal hast du eine schmerzhafte Erfahrung einer erfüllten vorgezogen. Nimm diese Lernaufgaben an und gehe deinen Weg. Manchmal tritt man eben daneben, hat einen Stein im Schuh oder man fällt hin. Welcher Dummkopf würde für immer liegen bleiben?

> Ohne Emotionen kann man Dunkelheit nicht in Licht und Apathie nicht in Bewegung verwandeln.
>
> C. G. JUNG

III. Suche die mystische Kraft in dir

Die Menschen aller Kulturen haben sich an den Helden, an den mystischen Gestalten und Göttern orientiert. Niemand, auch du selbst nicht, möchte eine Geschichte über einen gelangweilten Menschen hören, der nichts Neues ausprobiert. Werde also ein Held deines Alltags und vertraue auf große Gefühle, edle Handlungen und mystische Momente. Diese kannst du im Bus auf dem Weg zur Arbeit oder mit deinem Kind auf dem Arm im Supermarkt erleben. Trau dich und sei, wie du gerne sein möchtest, lebe große, lichtvolle Emotionen, um der Enge deiner menschlichen Existenz zu entgehen.

MOSES

Viele der Wunder um den Propheten Moses sind uns überliefert worden. Moses (um 1 400 v. Chr. geboren) war der geborene Führer. Dennoch war es schwer für ihn, sich seiner Aufgabe zu stellen und die Verantwortung für all das zu übernehmen, was Gott von ihm forderte. Nachdem er seine Berufung akzeptiert hatte, wurde er selbst unter den Propheten zu einem Ausnahmebeispiel an Mut und Vertrauen. Er lebte seine Spirituelle Kraft und führte das Volk Israel aus der Gefangenschaft. 40 000 Menschen führte er 40 Jahre lang durch die Wüste Negev. Nie war es ein Mensch mehr oder weniger, starb jemand im hohen Alter, wurde noch im selben Augenblick ein neues Leben geboren. 40 Jahre, so ist uns überliefert, dauerte es, bis die Menschen ihre Ängste und Zweifel Jehova gegenüber ablegten und sich für sie das gelobte Land öffnete.

Wer hat für den Menschen einen Mund bestimmt,
oder wer bestimmt den Stummen oder den Tauben
oder den Klarsehenden oder den Blinden?
Bin nicht ich es, Jehova?
So geh nun, und ich selbst werde sicherlich
mit deinem Munde sein.

JEHOVA ZU MOSES, 2. BUCH MOSE, 4,10F.

Das Siebte Spirituelle Gesetz:

Die Lichtarbeit im Alltag leben

Wahre Lichtarbeit findet jeden Augenblick deines Lebens statt

Er hatte die Augen geschlossen und war eins mit seiner Seele. Ein warmer Wind strich über sein Gesicht, er roch nach reifen Oliven, Rosmarinbüschen und den Früchten des Zitronenhains. Es war ein betörender Duft, der das Leben in der kargen Landschaft eindringlich hervorhob und seine Sinne berauschte. Er fühlte sich umfangen von der Natur, die ihn liebkoste wie die Mutter ihr Kind.

Er dachte an seine Mutter, wie sie in diesem Augenblick ein Mahl für ihn und seinen Vater bereitete. Er sah ihre rauen Hände vor sich, die den Teig kunstvoll schlugen, um daraus das köstliche Brot zu backen, das er so sehr mochte. Wie sehr wünschte er sich ihre Nähe, es war ihr Rat, der ihm Sicherheit gab und ihn führte.

Nur heute hatte sie ihm ihre Weisheit verwehrt. Sie sagte, Johannes der Täufer würde ihn unten am See erwarten. Sie könne ihn nicht begleiten, nicht diesmal, er müsse den Weg alleine gehen.

In der Tiefe seines Herzens hatte er immer gewusst,

dass dieser Tag einmal kommen würde. Er hatte eine leise Ahnung in sich getragen, die von der Fürsorge Marias und ihrer steten Aufmerksamkeit gegenüber Gebet und Meditation bestätigt wurde. Nur auf diesem Wege würde er lernen, zu erkennen und seine eigenen Entscheidungen zu treffen.

Der Moment war gekommen, seinem Schicksal in Gestalt des Propheten zu begegnen. Man hatte ihm bereits viel von Johannes erzählt, ein Zauberer sei er, der die Blinden sehend mache und durch den die Menschen die Stimmen der Engel hören könnten. Er galt als ein Weiser, der die Vergangenheit und Zukunft eines jeden kannte und durch eine Berührung der Stirn zu entschleiern vermochte. Wieder andere bezeichneten ihn als einen Hexer, einen Verrückten, der wenig sprach und wirre Worte wählte. So verschieden die Meinungen über ihn waren, in einem glichen sie einander und vermochten sich in ihren Aussagen gegenseitig nur zu übertrumpfen. Johannes sei von entrückter Schönheit, ein samtenes Licht umgebe ihn, genau wie der Nebel den Tempel Davids in den frühen Morgenstunden. Er war mit einer Reinheit verwoben, die das Strahlen der Sonne zu seinem eigenen machte, und wo er ging, herrschte ehrfurchtsvolle Stille, und die Menschen sahen zu ihm, in einer Art, die sie sich selbst erkennen ließ. Sein wirres Haar umrahmte ein Gesicht, das durch Hingabe und Anstrengung die Züge entschlossener Kraft erhalten hatte. Das Bild eines Löwen drängte sich seinem Gegenüber auf.

Jesus hatte keine Furcht. Er war aufgeregt und neugierig und spürte dennoch eine tiefe Gelassenheit, die ihn erfüllte. Der Sinn seines Lebens würde sich durch Johannes enthüllen. Er war bereit. Ein Engel stand zu seiner Linken, und ein weiterer nahm den Platz zu seiner Rechten ein, wie seit ewigen Zeiten, wenn ein Mensch bereit war, dem Auftrag Gottes zu folgen. Im Schatten des Baumes, in dem er noch immer ruhte, rief ihn keck eine Nachtigall: Geh zu ihm, er wartet bereits!

Jesus verstand und öffnete die Augen. Aufgeregt tappte der Vogel hin und her, und der zierliche Kopf nickte unaufhörlich, um die Botschaft zu bejahen.

Da erhob er sich und machte sich auf den Weg.

Die Engel wiesen die Richtung, und Jesus folgte ihnen. Sie stiegen einen leichten Hügel hinauf. Unterwegs half er einem Alten, der sein Bündel Brennholz kaum schleppen konnte. Für ihn war es ein Leichtes, er stützte das Männlein mit einem Arm und trug das Bündel mit dem anderen. Der linke Engel schmunzelte über die Kraft des Nazareners, um deren dieser nicht wusste, was ihn umso unschuldiger machte. Während sie weiter gingen, betete Jesus still für sich, immer wieder senkte er den Blick in Ehrfurcht, um Johannes bewusst zu begegnen. Als sie auf dem höchsten Punkt angekommen waren, überkam ihn eine tiefe Trauer. Das Tal lag nun vor ihm gewaltig und schön inmitten der schroffen Landschaft. Darin lag der See, dessen mattes Blau dem lebhaften Ocker der Hügel Lebendigkeit verlieh. Tränen der Freude und der Trauer stiegen in ihm auf, er wusste, dass die Zeit der Unschuld hinter ihm lag und seine Mutter ihn nicht mehr schützen konnte. Ihr Vertrauen hatte ihn geführt und gehalten, doch nun nahm ein Engel seine Hand und trocknete sein Gesicht.

Mit einem Mal spürte er Angst, seinem Gott und diesem Mann, den er dort unten halbnackt in dem See erkannte, bedingungslos zu vertrauen. Auch der Engel erschien ihm nun nicht mehr als wirklich, sein Blick verschleierte sich, und er spürte die bittere Kraft des Zweifels. Schmerzhaft waren die Jahre gewesen, in denen er Gottes Stimme gehört hatte und immer wieder seiner Angst unterlegen war. Die Zweifel, die er in sich spürte, die Angst davor, die eigenen Wünsche loszulassen und seinen Willen Gott zu überschreiben – all dies stieg in diesem Moment in ihm hoch und quälte ihn, bis er sich erlaubte, die Hand des Engels zu spüren. Er hatte sich entschieden.

Behutsam stieg er zum See hinab. In jedem Schritt sah er die Kostbarkeit des Augenblicks, den Atemzug der Seele.

Das Wasser vor ihm funkelte in tiefem Blau. Es legte sich wie ein schützendes Tuch um Johannes den Täufer, und dieser trat leuchtend hervor wie ein Stern in dunkler Nacht. Seine weiße Haut brach mit der Farbe des Wassers und machte ihn kostbar und fremd. Er schien ihn nicht zu bemerken.

Johannes war mit einer seltsamen Praxis beschäftigt, eine Reihe von Menschen wartete darauf, von ihm gehalten in das Wasser getaucht zu werden.

Dabei schloss er die Augen und hielt den Einzelnen fest in seinem linken Arm, während er mit einer sanften Bewegung der rechten Hand die Stirn nach dem Auftauchen berührte, dabei murmelte er etwas und gab seinen Segen.

Auch Jesus gesellte sich zu den Wartenden. Er sah sich um und erkannte Kinder, alte Frauen, römische Soldaten und Kaufleute in fremder Tracht.

Sie alle sprachen kaum und bereiteten sich wie er auf den Augenblick der Segnung vor. Er spürte Unsicherheit unter den Menschen, ein unbestimmtes Gefühl der Angst vor der eigenen Bewusstwerdung, ein Gefühl, das in einer seltsamen Ruhe verhallte, so als wäre der See von etwas umgeben, das die Kraft hatte, den Verstand zu besänftigen und milde zu stimmen.

Schließlich war es an ihm, nach vorne zu treten, er ging die kurze Strecke in das Wasser hinein, bis er vor Johannes stand. Sein Herz klopfte, und er bemühte sich, nicht unsicher zu wirken. Doch für Johannes waren diese Gefühle wie das Wasser am Ufer des Sees, ein Rauschen, das in den Stimmen der Engel, die er hörte, wie ein Luftzug verklang.

Johannes blickte ihn unverwandt an. Jesus sah in diese Augen, die groß und blau waren wie der Himmel, den er nicht erfassen konnte. Alles und nichts war in diesen Augen, und er spürte, wie aus ihm wich, was er in diesem Mann zu sehen versucht hatte. Gottes Gegenwart wurde ihm zur Gewissheit. Er erfuhr, wie sich seine Seele noch inniger mit dem Körper verband, wie er von etwas erfasst wurde, das er selbst nicht benennen konnte. Er erkannte das Licht in sich und wie er nun damit verbunden war. Mit einer lautlosen Geste der Bestätigung fasste ihn der Täufer, nahm ihn in seinen Arm und tauchte ihn einmal ins Wasser. In diesem Moment, der endlos schien, öffnete der Prophet Jesus die Augen und dieser sah sich von dem klaren Wasser bedeckt. Als er mit sicherem Griff nach oben gezogen wurde und auftauchte, war es seine Wiedergeburt. Die Wärme aus der Hand Johannes spürte er zwischen den Augenbrauen und von dort verteilte sie sich im ganzen Körper. Beruhigend wirkte die Stimme des Mannes, der ihn hielt, der ein leises Gebet murmelte und in Ergebenheit die Stirn senkte.

Dann, mit einer Geste, die ihn zum Gehen entließ, überließ der Täufer den Propheten sich selbst.

Jesus, der noch im Spüren des Lichts und der Wärme gefangen war, fand die Sicherheit im Außen nur langsam wieder. Die Umgebung war ihm seltsam fremd. Das Wasser, in dem er stand, war hell und klar, er konnte den Boden sehen und kleine Fische, die schnell von einem Stein zum anderen schwammen. Das Licht, bei Gott, das Licht, dachte er, während er um sich sah. Alles war umso heller als zuvor, die Hügel, das wenige Gras und der Himmel waren von einem matten Strahlen überzogen.

Als sich sein Herz beruhigte, konnte er die Engel sehen. In Scharen standen sie um den See, auf den Hügeln und bedeckten mit ihren Flügeln den Himmel über ihm. Sie waren das Licht, die Helligkeit, die er wahrnahm. Eine Bewegung herrschte im Himmel und auf Erden, eine Unruhe ging durch die Reihen der Engel, die wie das Rauschen der Baumwipfel nach oben hin verklang. Da fiel ihm auf, dass keine Menschen um ihn waren, niemand außer ihm war an diesem See, das Ufer war menschenleer, wo eben noch dichter Andrang geherrscht hatte. Und der Täufer, Jesus konnte ihn nicht finden. Nur er war dort, ein Mensch, der fortan den Willen Gottes als Prophet verkünden und dem Licht dienen würde.

Das Siebte Spirituelle Gesetz – Die Lichtarbeit leben

Für Jesus war es Johannes der Täufer, der seinen Glauben an Gott zur sicheren Gewissheit werden ließ.

Für uns ist es der Augenblick, in dem wir uns für Gott entscheiden und unser Leben nach dieser Entscheidung führen. Hier beginnt die Lichtarbeit: Es gibt keine Trennung zwischen unserem Glauben an das Licht und unserem alltäglichen Leben mit ihm. Wir leben die Lichtarbeit, sie ist ein lebendiger Teil von uns, wenn der Zweifel an Gott aufhört, wenn wir nachgeben und verstehen, dass es nur diesen einen Weg gibt, um wirklich glücklich zu sein. Denn Gott gibt uns keine Möglichkeit, nicht glücklich zu leben, er durchdringt unser Dasein und begegnet uns, wo wir den Mut haben, ihn zu lassen.

Ein lichtvolles Leben bedeutet dann, sich Gott unterzuordnen und aufzuhören, nach Erklärungen für die eigenen Zweifel und die unerfüllten Wünsche zu suchen. Stattdessen gilt es, zu vertrauen und dem Licht zu folgen, wo es einem begegnet. Es bedeutet für jeden Einzelnen von uns, durch die Auflösung von Zweifeln frei zu werden.

Die neue Zeit

Für uns alle ist eine Zeit angebrochen, in der wir aufhören müssen, an uns und Gott zu zweifeln. Für dich und mich ist es wichtig, das Licht auszudrücken, indem wir unsere Gedanken, unsere Sprache und Handlungen konsequent hinterfragen und immer wieder am »Guten« ausrichten. Diese klare Selbstwahrnehmung und das richtige Einschätzen des eigenen Lichts ist wichtig, um sich nicht zu verlieren. Wer sich selbst klar spürt, sei es durch bewusste Atmung, durch Meditation oder Yoga, bleibt bei sich. Geist und Körper stehen in Einklang und können Freiheit von den eigenen Ängsten erfahren. Dieses Spüren kannst du als Vertrauen in dein tägliches Sein einbringen.

Jesus hat Johannes dem Täufer vertraut, er hat sich ihm trotz seiner Ängste hingegeben und vollkommene Freiheit erfahren. So wie er wachsen auch wir mit einem Spüren, mit einem geheimen Wissen vom Licht heran, um uns an einem Punkt unseres Lebens für oder gegen das Licht zu entscheiden. Diese Wahl treffen wir nicht, indem wir zu meditieren beginnen oder indem wir bestimmten Ritualen folgen. Wir treffen die Entscheidung für das Licht nie im Außen. Es geschieht tief in unserem Inneren, wo wir die eigene Angst nicht beschwichtigen können, in unserem Herzen, dem Ausdruck unseres wahren Fühlens und Verstehens.

Viele Menschen haben hier ihre Wahl noch nicht getroffen. Sie geben sich nicht hin und versuchen stattdessen, das Licht im eigenen Leben zu kontrollieren. Sie finden Gründe, um ständig argwöhnisch zu sein, argwöhnisch gegen Gott, das Licht und gegenüber alles, was ihnen an Gutem in ihrem Leben widerfährt.

Diesen Menschen möchte ich sagen, dass man immer alleine, nackt und mit allen Gefühlen und Gedanken, die unser wundervolles Menschsein ausmachen, vor Gott steht und letztlich nur die Hingabe bleibt.

Seit es uns Menschen gibt, suchen wir nach einer Bestätigung für unseren Glauben. Dieser Wunsch beginnt mit Adam und endet heute bei dir. In der Geschichte der menschlichen Existenz gab es 144 000 Propheten. Sie alle wurden von Gott entsandt, um Glauben und Hoffnung zu geben, um uns zu lehren, tatsächlich zu leben, gradlinig, furchtlos und mitfühlend mit allen Wesen, die mit uns die Schöpfung teilen. Sie vermittelten uns die Offenbarungen der Engel, vom ersten Propheten Adam bis zum letzten Propheten Mohammed. Wir durften unendlich viel in den vergangenen Leben von ihnen lernen, sie waren es, die uns die Regeln für ein lichtvolles Leben, für die Lichtarbeit verkündet haben. Sie haben uns Schriften und Überlieferungen vererbt, nach denen wir unser Licht im Alltag richten können. Diese Regeln haben sich nie verändert, sie wurden angepasst und sprachlich in eine andere Form gerückt, im Kern aber hat sich nichts verändert. Sie helfen uns, unsere Entscheidung für das Licht zu treffen, indem wir Gott durch ein lichtvolles Leben spüren.

Vom Denken ins Handeln kommen

Einer meiner Sufilehrer hat einmal gesagt, die meisten Menschen denken von sich, dass sie glauben, deshalb handeln sie nicht vom Glauben erfüllt. Würden sie wahrhaftig glauben, würden sie auch entsprechend handeln. Dieser Satz beschreibt eine große Hürde, die Unfähigkeit, mit unseren Schwächen ehrlich umzugehen. Dabei ist es einfach, wir können beginnen, Gott in unserem Leben zu vertrauen und in kleinen Schritten nach diesem Vertrauen, diesem Spüren zu handeln. Wir können lernen, eine innere Sicherheit zu gewinnen, indem wir durch kleine Handlungen täglich die Welt verändern.

Mittlerweile gibt es viele Konzepte darüber, was Licht ist. Die wenigsten von ihnen beziehen das tatsächliche menschliche Wesen mit seinen Schwächen derart ein, dass es diesen entwachsen kann. Zu Beginn der Lichtarbeit sind wir wie die Kinder, alles ist aufregend und neu, und wir möchten von all dem probieren, was uns scheinbar über viele Jahre vorenthalten wurde. Wir sind hungrig nach Bildern und Gefühlen, die wir lange verdrängt oder vergessen haben. Spätestens dann, wenn wir von allem etwas »probiert« haben, sollten wir spüren, was wirklich wichtig ist, was uns zu einem Leben im Licht führt. Wer beginnt, das eigene Licht zu spüren, vertraut Gott mehr als der Vorstellung von Licht. Die Gewissheit der Liebe ersetzt den Wunsch, geliebt zu werden. Jetzt sind wir bereit, die Offenbarungen der Propheten zu lesen. Wir können damit umgehen, dass sie in altertümlicher Sprache von einer Begegnung mit Engeln berichten, wir spüren ihre Gradlinigkeit und ihre Kraft, denn wir sind die Erben jenes Wissens, das

> *Der wichtigste Friede ist der, der die Seelen der Menschen ergreift, wenn sie erkennen, dass das Zentrum des Universums tatsächlich überall ist, in jedem von uns.*
>
> BLACK ELK,SCHAMANE DER LAKOTA

Gott nur für uns offenbaren ließ. Und wie muss uns ein Schöpfer lieben, der eine derart große Anzahl von Lehrern entsendet, der unsere Zweifel und Ängste großzügig vergibt und auf das Erinnern unserer Seele hofft?

In unserem Menschsein sind wir alle gleich. Aus diesem Grund ist auch die Lichtarbeit für alle gleich, mag sie auch in den Sprachen, in den Techniken der Meditation und der Interpretation der Heiligen Texte variieren – die Grundlagen sind immer dieselben. Wir alle wünschen uns einen Schlüssel, der uns zum Glücklichsein verhilft. Dieser Schlüssel liegt in den Heiligen Schriften. Wir brauchen nur die Göttlichen Gesetze anzuwenden und danach das Leben zu meistern.

In meinem Leben habe ich erfahren, dass der Gedanke der Lichtarbeit viele Menschen in die Irre führt, letzten Endes entscheidend ist das unerschütterliche Vertrauen, dass Gott mit uns ist, uns leitet, führt und unser Menschsein vollendet. Ich habe nie an Gott gezweifelt, denn etwas anzuzweifeln setzt voraus, dass ich es verstehe und erfassen kann. Ich habe einfach geglaubt und tue es noch immer und hoffe, damit anderen Menschen die Kraft zu geben, den eigenen Glauben zu finden.

In Demut dem Göttlichen Plan folgen

Johannes dem Täufer bin ich zum ersten Mal in Damaskus begegnet. In der syrischen Hauptstadt gibt es eine wundervolle alte Moschee, die Umayyaden Moschee. In den hohen lichten Räumen herrscht vollkommener Friede. Es ist, als ob die Zeit stillsteht, aller Druck von den Besuchern abfällt und jeder, der dort kniend betet, seinen Gott erkennt. Die feingewebten Teppiche, einmalig in der Feinheit ihrer Muster, überfluten den Boden und lassen jeden Schritt zur Berührung mit einem roten Blütenmeer werden. Die übergroßen Lampen wirken unnötig, denn das Licht, das von dort, wo der Kopf des Propheten liegt, ausgeht, durchflutet sanft den Raum. Sein Schrein ist ein Sinnbild für das lebendige Licht, für wahren Glauben.

Zuerst betrat ich die Moschee nur zaghaft, ich fühlte mich fremd in den weiten Räumen, ich setzte mich also an den Rand und begann, mich umzusehen.

Geschäftig liefen Menschen an mir vorbei, Frauen, Männer, Kinder, Muslime, Christen und Besucher wie ich selbst. Niemand schenkte dem Anderen sonderlich Beachtung, vielmehr trug jeder ein Ziel in seinem Herzen, das er still verfolgte. Langsam begann ich, den Ort wirklich wahrzunehmen. Ich fühlte den Teppich unter meinen Händen, die kalte Mauer, an der ich lehnte, gab mir Sicherheit, und der Weihrauchgeruch nahm die Hektik der Stadt von mir. Niemals zuvor war ich an einem solchen Ort gewesen.

Nach einer Weile, die ich meditierend auf dem Boden verbracht hatte, erhob ich mich und bat meinen Gott um Hilfe. Natürlich hatte es einen Sinn, dass ich hierher geleitet wurde, alles stand unter einer höheren Führung.

Ich kam vor dem Schrein zum Stehen, es war ein kleiner Tempel innerhalb der Moschee selbst. Das

Glas setzte sich in der leuchtend grünen Farbe des Islam von seinen Streben ab, hier lag der Kopf des Propheten Johannes. Auf Wunsch Salomes war er enthauptet worden. Er war einer der beiden Propheten, bei dessen Tod im Glauben der Muslime die Engel weinten.

Um den Schrein herrschte Stille, das Licht fiel durch die hohen Fenster, durchschlug das grüne Glas und berührte meinen Körper.

Ein Muster aus grünem Licht bildete sich auf meinem weißen Schador, ein Schriftzug wurde sichtbar und schließlich formte sich das arabische Wort für Gott, Allah, auf meinem Gewand. Ich war innerlich fassungslos. Zu diesem Zeitpunkt war Gott das einzige, was ich auf arabisch lesen konnte.

Auf meinem Gewand, meinem Schador, tanzte immer noch das Licht. Welche Gnade, dachte ich, und setzte mich auf den Boden vor den Schrein. Während ich meditierte, verlor ich jegliches Gefühl für die Zeit. Erst durch das Toben von Kindern um mich herum kam ich langsam wieder zu mir. Es war dunkel geworden, die Lampen brannten und es roch nach Essen. Ich wollte gerade aufstehen und den Rückweg zu meinem Hotel antreten, als mein Blick auf eine Frau fiel, die wenige Meter neben mir auf dem Boden saß. Sie beobachtete mich. Um sie herum liefen drei Kinder, sie lachten und spielten, was niemanden weiter zu stören schien. Sie gab mir mit einer Handbewegung zu verstehen, dass ich zu ihr kommen sollte. »Salam Aleikum«, sagte sie, ich grüße dich im Namen Gottes. »Aleikum Salam« – und Friede sei mit dir, war meine Antwort, einen Gruß, den Gott Adam lehrte auf die Frage, wie er einen Engel ansprechen sollte. Sie reichte mir eine der schweren Süßigkeiten, für die das Morgenland berühmt ist. Ich kostete schweigend, denn was sollte ich auch sagen? Dass ich es ungewöhnlich fand, dass man an einem heiligen Ort wie diesen Kinder spielen ließ? Dass mich eine Fremde mit Baklava und Tee versorgte, dass ich ein Licht gesehen hatte, das sich zum Namen Gottes formte? Es war ein Glück, dass ich die Sprache nicht beherrschte, denn wie hätte ich erklären sollen, dass ich so etwas nicht kannte, dass mich die Einfachheit zutiefst in ihren Bann zog, fühlte ich doch mehr Licht, mehr Liebe und Freundlichkeit, als meine Vorstellung von Spiritualität es zuließ.

An diesem Abend lud mich Amina – so hieß die Frau – ein, im Haus ihrer Familie zu übernachten. Wir holten meine Sachen aus dem Hotel, was nicht viel war, denn in meinem Leben mit den Navajo-Indianern hatte ich bereits gelernt, dass es gut ist, mit leichtem Gepäck zu reisen.

Aminas Familie lebte in einem jener alten Häuser, die traditionell einen kleinen Garten mit Brunnen umschließen. Von außen sah man dem Gebäude nicht an, dass sich dahinter ein Kleinod verbarg.

Als wir eintraten, saß die Familie um den Brunnen und speiste. Ich wurde freundlich begrüßt, Aminas junger Bruder war Student und sprach etwas Englisch. Niemand fragte mich danach, was ich machte, was ich hier wollte und warum ich eingeladen wurde. Ich war einfach da. Der Springbrunnen plätscherte in einem runden Becken, das das Mondlicht reflektierte. Ich lehnte an einem Kissen und schlief ein.

Wie lange ich geschlafen hatte, wusste ich nicht, und ich begann gerade mit dem Erwachen die Peinlichkeit der Situation zu begreifen, als ich eine warme Zunge in meinem Gesicht spürte. Die Zunge gehörte zu einem ziemlich großen Maul, über dessen Schnauze hinweg zwei große braune Augen auf mich herabsahen. Der Hund, ein Mischling namens Dr. Baita, thronte über mir und hieß mich auf seine Art willkommen. Ich setzte mich auf und sah mich um. Der Innenhof wirkte verlassen, nur aus den filigranen Fenstern fiel Licht auf den gekachelten Boden. Einen Augenblick fühlte ich mich einsam. Alleine in einem fremden Land, bei einer Familie, die ich nicht kannte, was in aller Welt hatte mich dazu gebracht, derart zu entspannen, so sehr zu vertrauen, dass ich vor wildfremden Menschen in den Schlaf fiel? Doch zum Überlegen hatte ich keine Zeit, denn Dr. Baita, eine Mischung aus Hüte- und Hofhund, lachte mich weiter an. Mit einem Mal realisierte ich, dass ich seinen Namen kannte und er dies wusste. Ich überlegte, hatte mir Amina oder ihr Bruder den Namen genannt, hatte ich es nur vergessen, aber wir hatten nicht über Tiere gesprochen, ich wusste noch nicht einmal, dass sie einen Hund hatten.

Dr. Baita, den meine Gedanken nicht weiter irritierten, zog die Lefzen zurück und blieb geduldig. Ich kann mit Tieren sprechen, eine Gabe, die ich seit meiner Kindheit in mir trage. Aber das hier war anders, es hatte etwas Magisches, das Mondlicht fiel auf das Wasser, die Gerüche waren fremd und hüllten mich ein. Aus dem Haus kam leises Lachen, und ich hörte das Klappern von Geschirr. Wieder sah ich Baita an, ich suchte seinen Blick, der mich aus tiefer Ruhe traf. Und mit einem Mal verstand ich. Baita war ich, genauso wie ich er war. Etwas tief in mir öffnete sich, ein Schleier fiel von meinem Herzen, meiner Seele und letztlich von meinen Augen. Ich war dieser Hund, sowie er der Mond war, die Rosen, die hinter uns blühten, das Wasser, alles war eins. In einem Augenblick durfte ich tief in den Kosmos sehen, ich sah die Menschen, die Länder von oben und wurde wortwörtlich hinausgezogen. Auf einmal war Nichts. Alles, wirklich alles war in vollkommener Einheit. Die funkelnden Sterne, die Planeten, die Erde, das Nichts, das alles war Gott. Dann schoss ich in einer ungeheuren Geschwindigkeit wieder zur Erde hinab, die Kontinente, die Ozeane kamen näher, und schließlich war ich wieder an dem Brunnen.

Als ich wieder klar wahrnehmen konnte, sah ich Baita an. Wir alle sind eins, sagte ich und weinte. Ich nahm seinen Kopf in meine Hände und küsste seine Stirn. Ich hielt ihn, denn er war das Kostbarste, was es gab, ein Leben, ein Geschöpf Gottes. Ich drückte mein Gesicht an seines und er, der mit Sicherheit unendlich viel weiser war als ich, sagte nichts.

Da hörte ich eine Frauenstimme, Baita, Baita, Amina kam mit einer großen Schale aus dem Haus. Es war sein Futter. Ich fasste mich wieder und blickte auf den Hund. Er rührte sich nicht, sondern wartete ruhig ab. Da erst sah ich an seinem Körper herab, und wie ich erkennen konnte, fehlte ihm ein Bein. Amina rückte ihn sanft auf den Teppich zurück und sprach auf arabisch mit ihm. Kurze Zeit später an diesem Abend schlief ich neben Baita auf dem Teppich ein.

Dies erzähle ich dir, damit du verstehst, wie die Gesetze der Lichtarbeit in dein Leben treten können. Sie sind lebendig, schön und führen dich zu vollkommener Einheit.

Diese Einheit stellt Johannes unter den Propheten dar, jene Einheit mit Gott und seiner Schöpfung, nach der wir uns sehnen. In einer ihm eigenen Weise konnte er die Vergangenheit und Zukunft der Menschheit wahrnehmen. In seinem Geist, so sagt man, liegt das spirituelle Wissen der gesamten Menschheit. Mit seiner Form der Taufe – mit der die spätere Taufe des Christentums nichts mehr gemein hat – öffnete er den Menschen für das Wissen um das Licht. Er ermöglichte es Jesus, der zu werden, der er wirklich war: ein Prophet und Lichtarbeiter. Indem er die Menschen segnete, reinigte er ihren Geist. In diesem Sinn war er ein Heiler, denn er vermochte die Blinden sehend zu machen und die Lahmen wieder gehend.

Mir ist bewusst, dass sich viele Menschen einen höheren Plan wünschen, etwas wünschen, das sie aus der Mühseligkeit des Alltags in eine »lichtvollere« Berufung erhebt. Das war auch zu Zeiten Johannes der Fall. Doch so etwas gibt es nicht, es gibt nur das Leben, das wir bereits führen. Dies gilt es als Gnade zu sehen und in ihm können wir in Demut unser Menschsein erfahren.

Und aus diesem Grund möchte ich dich daran erinnern, denn du bist wie ich. Und wir beide sind wie Baita, wie der Mond und die Sterne. Und wenn du diese Gesetze, diese Erzählungen und Erfahrungen liest, dann lebe sie mit mir und gib dich ihnen hin. Auf dem Weg zu Gott gibt es nichts, was uns voneinander trennt. Wir alle tragen den Glauben, die Liebe und die Hoffnung an das Licht in uns, verbunden mit der Kraft, diese Gesetze wieder neu zu erwecken. Und während wir uns bemühen, spricht das Licht in Zeichen zu uns, es führt uns, wenn wir nur den Mut haben, die Augen zu öffnen und ihm zu vertrauen. Die Sieben Spirituellen Gesetze helfen uns dabei und weisen sanft den rechten Weg.

GEDANKE:

Befolge grundsätzlich die folgenden drei Regeln: denke (weil große Liebe und große Ziele große Risiken in sich bergen) an

- Respekt für dich selbst
- Respekt für andere und
- Respekt (Verantwortung) für alle deine Handlungen.

DER 14. DALAI LAMA TENZIN GYATSO

Folgende Gedanken helfen dir, deine Kraft besser umzusetzen:

1. Beginne damit, dich deinem Leben hinzugeben

Sich dem Leben hinzugeben beweist, dass wir die Grundlagen der Spiritualität, der Lichtarbeit, verstanden haben. Wir nehmen sie nicht mehr über unsere Vorstellung wahr, sondern folgen ihnen und erleben jeden Augenblick vollkommen neu. Man kann viele Bücher über die Lichtarbeit lesen, sie alle bewirken nicht das Geringste, wenn daraus keine positiven Handlungen hervorgehen. Deshalb ist es wichtig für dich, dass du die Gesetze aus diesem Buch aktiv für dich nutzt. Gib dich den Gedanken und Handlungen hin und genieße die positiven Veränderungen, die dir begegnen werden.

II. Lebe deine Spiritualität so, dass du niemanden verletzt

Wenn wir das Licht gefunden haben, sind wir oft ungestüm und glauben, die Welt neu erobern zu müssen. Das ist richtig und gut. Aber alle die neuen Ideen und das Spüren zählt nicht, wenn wir dabei anderen Wesen Schaden zufügen, wenn wir unsere Partner, unsere Familie oder Kollegen »mitbekehren« wollen.

Das Licht zu finden bedeutet, ihm zu vertrauen, ihm und den Menschen um dich herum. Versuche ihnen zu erlauben, den von ihnen gewünschten Weg zu wählen, auch wenn er sich nicht mit deinem Lebensbild verträgt. Habe keine Angst, deinen Weg alleine zu gehen, denn das ist einer der stärksten Gründe, warum wir andere Menschen von unserem Weg überzeugen wollen.

III. Nimm dir die Propheten zum Vorbild

Eine der größten Möglichkeiten, sich zu verändern, liegt darin, sich ein Vorbild zu nehmen. Unsere Kinder tun dies unentwegt und auch wir Erwachsenen richten uns an anderen Menschen oder Ideen aus und versuchen diese zu imitieren. Das Gleiche ist in unserer spirituellen Entwicklung möglich. Es ist schön, Bücher über die Überlieferungen der Propheten zu lesen, viel besser aber ist es, sich in Momenten der eigenen Schwäche an ihre Reaktionen und Taten zu erinnern und sie sich zum Vorbild zu nehmen. Natürlich sollten wir dies zeitgemäß tun, aber letztendlich können wir jede

> *Es ist nie zu spät, das zu werden, was man hätte sein können.*
>
> GEORGE ELIOT

Charaktereigenschaft übernehmen und ein kleines Stück davon in unser Dasein einbringen.

Gott hat seine Propheten geliebt, wir verhalten uns nur wie jemand, der seine Liebe erfahren möchte.

JOHANNES DER TÄUFER

Der Prophet Johannes gilt als derjenige, der das Alte Wissen um das Licht erhalten hat und es Jesus durch die Öffnung oder Reinigung der Taufe zugänglich machte. Er war ein Asket, empfand die Menschen oft als zu gewalttätig und zog sich daher in die nahe Wüste zurück, wo er sich von Heuschrecken und wildem Honig ernährte. Johannes erzählte den Menschen, dass ein neuer Messias kommen würde. Unter seinen Zuhörern war auch Jesus, der sich später von ihm taufen ließ.

Die Köpfung des Propheten sollte symbolisch den Geist vom Körper trennen.

JESUS

Jesus von Nazaret (eigentlich hebr. Jeschu) wurde von Johannes dem Täufer in seine Aufgabe berufen. Seine Geburt wurde genau wie die von Johannes vom Erzengel Gabriel vorhergesagt, genau wie er entstammte Jesus einer jüdischen Priesterkaste. Sein Ziel war es wohl ursprünglich, den jüdischen Glauben zu reformieren und die Menschen weg von dem Erstarren in Gesetzen und Vorschriften in ein tieferes Mitgefühl zu bringen. Auch Jesus predigte laut aus den apokryphen Schriften wie dem Thomas-Evangelium, dass es wichtig ist, seinen Glauben aktiv im Leben umzusetzen.

Wahrscheinlich ist, das er nicht am Kreuz, sondern an einem Pfahl gefoltert wurde, überlebte und mit seiner Familie ausgewandert ist.

Jesus sprach: Ich bin das Licht, das über allen ist. Ich bin das All; das All ist aus mir hervorgegangen, und das All ist zu mir gelangt. Spaltet das Holz, ich bin da. Hebt einen Stein auf, und ihr werdet mich dort finden.

THOMAS-EVANGELIUM, VERS 77

Nachwort

Mit dem vorliegenden Buch ist es mein Wunsch, eine neue Perspektive für die Lichtarbeit zu geben. Dieser neue Blickwinkel ist nichts anderes als ein Blick in die Vergangenheit und eine Erinnerung an die tatsächlichen Lehren des Lichts. Mir geht es hierbei nicht um religionswissenschaftliche Ausführungen, wer auch immer mehr zu den einzelnen Propheten wissen möchte, findet weiterführende Literatur im Anhang. Vielmehr möchte ich dich an einer sehr persönlichen Wahrnehmung und an meinen Erfahrungen mit dem »Alten Licht« teilnehmen lassen. Ich möchte mit dir teilen, was mein Herz berührt und was, wie ich glaube, mich nachhaltig zu einem Lichtarbeiter macht. Oft wurde ich über die Jahre gefragt, welche grundsätzlichen Leitlinien ich für die Lichtarbeit empfehle – nun, hier sind sie. Ich habe mich bemüht, sie für jeden nachvollziehbar darzustellen. Diese Leitlinien oder Gesetze, wobei ich letztere tatsächlich nur in den originalen Offenbarungen der Propheten sehe, sollen helfen, den eigenen Glauben zu finden und in Form der Lichtarbeit zu leben.

Der Glaube hat es den Propheten ermöglicht, die Worte eines Engels zu hören. Dieselbe Gnade können auch wir empfangen, indem wir das Licht ungefiltert in unsere physische Welt einbringen. Diese Ausrichtung auf Gott kann nichts und niemand in seiner Wirkung in unserem Leben ersetzen. Das ist der eigentliche Grundgedanke der Lichtarbeit, des angewandten Glaubens.

Wer sich mit der Lichtarbeit auseinandersetzt, wird feststellen, dass diese in einem sehr alten und durchdachten System ihren Ursprung hat. Ihre grundlegenden Gedanken gehen zurück bis auf den Garten Eden und seine ersten Bewohner. Befassen wir uns mit Adam und seinen Nachfolgern, bleibt es nicht verborgen, dass Gott das Licht mit Hilfe der Propheten vermitteln ließ. Er wählte Einzelne, denen andere folgen konnten. Die Propheten führten durch die von Engeln erhaltenen Offenbarungen und wurden selbst geführt. Niemand kann sagen, warum er diese Menschen wählte, im Angesicht Gottes waren sie einfach außergewöhnliche Individuen, die als Stellvertreter des Lichts fungieren konnten. Sie alle stammen aus besonderen Erblinien. Ihre Seelen, die seit jeher dem Licht dienen, die nie gezaudert haben, wenn es um den Glauben und die Verteidigung des Lichts ging und denen das Ich niemals den Weg zur Botschaft der Engel versperrte, haben uns gelehrt. Natürlich sind diese Seelen kostbar, denn sie sind rar und funkeln in der Hand Gottes wie die Sterne am Nachthimmel. Und sogar unter diesen wenigen gibt es solche, die Gott noch näher sind, die an Licht unerreicht und nicht mit der übrigen Schöpfung zu vergleichen sind. Es waren Propheten wie Abraham, Johannes der Täufer und Mohammed, die die Welt für immer verändert haben.

Der Prophet des jeweiligen Zeitalters war die spirituelle Achse des Universums und das Herz der Welt. Liest man die alten Offenbarungen, die in Übersetzungen von sumerischen Keilschriften, der Thora oder dem Koran enthalten sind, dann spürt man schnell, dass es einen Unterschied zwischen diesen und den sogenannten heutigen »Botschaften« gibt. Keine dieser Schriften ist Ich-gerichtet, sie heben einzig den Göttlichen Willen hervor, der durch den Propheten überbracht wird. Dieses wahre Licht nimmt, wie wir an den persönlichen Geschichten der Botschafter sehen, seinen völlig eigenen Weg. Demnach ist es von großer Bedeutung für jeden von uns, eine individuelle Form von Licht zu finden, die einen starken Glauben hervorbringt. Das Erkennen von Gott, die Dankbarkeit, die Hingabe, das Finden von Glauben und Kraft und das Annehmen dieser Fähigkeiten helfen dabei, eine spirituelle Identität zu finden. Klare Glaubensvorstellungen, positive Handlungen zum Wohle aller, Ethik und Moral haben daher auch in der modernen Lichtarbeit ihren Platz.

Ich wünsche mir, dass sich die Herzen der Menschen wieder für das Alte Licht und seine Propheten öffnen und dass wir, so sehr wir uns über ein neues Zeitalter und seine Vorzüge freuen, auch in die Vergangenheit blicken. Denn nur wer die eigene spirituelle Vergangenheit versteht, hat eine Chance, die Zukunft wahrzunehmen und zu korrigieren. In diesem Sinne sind die Sieben Spirituellen Gesetze Öffnungen in ein für uns neues Denken über die Begegnung mit Gott. Sie sind heute noch so aktuell wie zur Zeit ihrer Verkündigung, sie haben nichts von ihrer Wahrhaftigkeit eingebüßt. Und nach den Worten des letzten Propheten Mohammed behalten sie ihre Gültigkeit, solange dieser Planet und seine Schöpfung existiert.

ANHANG

Die Prana-Atmung:

Es empfiehlt sich, diese Übung täglich mindestens einmal durchführen. Um optimale Ergebnisse zu erzielen, solltest du deine tägliche spirituelle Praxis damit beginnen. Diese Übung dient zur Erdung und Zentrierung unseres Bewusstseins und hilft dabei, sich in einen ruhigen und konzentrierten Zustand zu bringen.

Setze dich bequem auf einen Stuhl, und schließe die Augen.

★ *Atme nun im Kronenchakra Licht/Prana ein und im Wurzelchakra aus.*
Wiederhole dies mindestens fünfzehnmal.

★ *Atme nun im Wurzelchakra Licht/Prana ein und im Kronenchakra aus. Wiederhole auch dies mindestens fünfzehnmal.*

★ *Atme nun immer abwechselnd im Kronenchakra Prana ein und im Wurzelchakra aus, und im Wurzelchakra ein und im Kronenchakra aus. Wiederhole dies mindestens zwanzigmal.*

★ *Atme nun gleichzeitig im Kronen- und im Wurzelchakra ein und lasse das Licht im Herzchakra zusammenfließen. Lasse* zu, dass es sich dort einen Augenblick sammelt, und atme das Licht dann durch das vordere und hintere Herzchakra aus.

★ Stelle dir vor, dass du mit dem ausgeatmeten Licht deine Aura dehnst. Wiederhole diese Übung mindestens zehnmal.

(Bezugsquellen siehe letzte Seiten)

Anleitung zum Räuchern:

Nimm eine stabile Schale oder einen Blumentopf und fülle diesen mit Räuchersand oder Vogelsand, um eine sichere Unterlage zu schaffen.

Überlege, was du mit der Räucherung bewirken möchtest und wähle dein Räucherwerk dementsprechend aus.

Schließe alle Fenster und setze dich in die Mitte des Raumes, in dem du beginnen willst. Die Schale steht vor dir auf dem Boden. Du solltest zu Beginn ohne Musik arbeiten und erst einmal in das Spüren kommen.

Nimm eine Räucherzange und halte die Räucherkohle damit. Wähle eine Markenräucherkohle aus einem guten Esoterikgeschäft. Zünde die Kohle an und lasse sie durchglühen. Du kannst gelegentlich auf die Kohle pusten, um diese schneller zum Glühen zu bringen. Lege die durchgeglühte Kohle in die Mitte der Räucherschale.

Meditiere einen Augenblick oder gehe in die Pranaatmung, um Energie aufzubauen. Du kannst deinen Engel, ein Krafttier oder White Body einladen, die Räucherung zu unterstützen.

Mit der Räucherzange legst du nun eine Menge des Räucherwerks, etwa die Hälfte des kleinen Fingernagels, auf die Mitte der Kohle und wartest, wie sich der Rauch entwickelt. Steht er wie eine Säule über dem Räuchergefäß und wirkt relativ grob, hast du viele dichte Energien im Raum. Dann solltest du zusätzlich meditieren. In der Regel merkst du dann auch, dass der Rauch sich besser verteilt und feiner wird. Warte dann, bis der Rauch sich im Raum verbreitet.

Gib nach dieser Grundräucherung das spezielle Aroma oder Harz auf die Kohle, dessen Einfluss du möchtest. Pinie dient z. B. dazu, den Raum zu harmonisieren und Salbei hilft, die Reinigung noch weiter zu vertiefen. Hebe dann dein Gefäß auf und gehe im Uhrzeigersinn die Ecken der Räume ab. Solltest du sehr dichte Energien spüren, stelle dort dein Gefäße noch einmal ab und beginne zu meditieren. Sollte sich die Rauchsäule zu Beginn der Räucherung nicht erweitern und der Rauch nicht feiner werden, wiederhole den Vorgang so oft, bis er sich verändert, lege dann immer wieder Räucherwerk nach.

Im Anschluss wiederhole den Vorgang in allen Räumen, auch Abstellkammern und Badezimmern, um wirklich gründlich zu arbeiten. In der Regel reicht eine Räucherkohle für einen Raum von 100 qm.

Wenn du Tiere oder kleine Kinder hast, gib sie in den noch nicht geräucherten Raum. Am Ende öffnest du alle Fenster und lässt lange auslüften. Wichtig ist, dass du spürst, dass das Räuchern stark in seiner Intensität und Kraft von deiner Eigenenergie und deinem Glauben abhängt und durch deine Schwingung gesteigert werden kann.

Wenn du keine Patienten behandelst oder besondere Rituale durchführst, reicht es, wenn du einmal die Woche räucherst. Therapeuten empfehle ich tägliches Räuchern, morgens und abends. Allerdings sammeln sich dann auch nach einer Weile nicht mehr viele dichte Energien an, da die Räume einen gewissen Eigenschutz entwickeln.

Den eigenen Körper abräuchern:

Wenn du dich selbst mit einer kleinen Schale und einer Feder abräuchern willst, beginne wieder mit dem Ritual wie vorangehend beschrieben. Wenn der Raum um dich herum gereinigt ist, stehe auf und beginne, vor deinem Herzen den Rauch mit der Feder zu dir zu fächern und dann um deinen Kopf herum. Schließlich beginne mit deinen Füßen und arbeite dich so gut wie möglich von unten nach oben vor. Wenn möglich, arbeite auch deine Rückseite mit ein.

Bei anderen Menschen folge demselben Ablauf an deren Körper. Hierbei empfiehlt sich als zusätzliche Unterstützung, wenn du meditative Musik im Hintergrund abspielst.

(Empfehlungen siehe Sunrise Shop)

Buchempfehlungen

Adam

Vera Zingsem: Lilith. Adams erste Frau, Reclam Leipzig 2009

Annette M. Böckler (Hrsg.), Moses Mendelssohn (Übers.): Die Tora. Die fünf Bücher Mose in der Übersetzung von Moses Mendelssohn, Jüdische Verlagsanstalt, Berlin 2001

Ernst Müller (Hrsg.): Der Sohar. Das heilige Buch der Kabbala, Diederichs, München 2005

Gunther W. Plaut (Hrsg.), Annette M. Böckler (Hrsg. und Übers.): Die Tora in jüdischer Auslegung: Band I-V, Gütersloher Verlagshaus, Gütersloh 2008

Mohammed

Reza Aslan: Kein Gott außer Gott, Verlag C.H.Beck, München 2006

Hilal Sezgin, Nasr Hamid Abu Zaid: Mohammed und die Zeichen Gottes, Herder Verlag, Freiburg i. B. 2008

Wilfried Hofmann (Hrsg.), Max Henning (Übers.): Der Koran (Arabisch-Deutsch), Diederichs, München 2001

Abraham

Beate Ego, Friedmann Eissler, Christfried Böttrich: Abraham in Judentum, Christentum und Islam, Vandenhoeck & Ruprecht, Göttingen 2009
Karl-Josef Kuschel: Streit um Abraham. Was Juden, Christen und Muslime trennt – und was sie eint, Patmos, Düsseldorf 2006

Hiob

Gerhard Kaiser, Hans-Peter Mathys: Das Buch Hiob. Dichtung als Theologie, Verlag der Weltreligionen im Insel Verlag, Berlin 2010
Axel Bertram: Das Buch Hiob, Verlag Faber & Faber, Leipzig 2003

Buddha

Anagarika Govinda: Grundlagen tibetischer Mystik, Aquamarin, Grafing 2008
Geshe Kelsang Gyatso: Einführung in den Buddhismus, Tharpa Verlag, Zürich a2007

Moses

G. F. L. Stanglmeier: Die Moses-Schriftrollen. Brisante Enthüllungen aus dem Tal der Könige, Kopp, Rottenburg 2006

Jan Assmann: Moses der Ägypter – Entzifferung einer Gedächtnisspur, Fischer Verlag, Frankfurt/M. 2004

Johannes der Täufer

Hans Bernd Altinger: Johannes der Täufer. Sein wahres Leben und Wirken, seine Wiederkehr, Poss Verlag, Wasserburg 1996

Aleksander Stefanovic: Geheimsprache Bibel. Verborgene Wortbedeutungen – Spirituelle Zusammenhänge, EDITION 10, 2008

Jesus

Abraham M. Rihbany, Mechthild Weber-Bahr (Übers.): Jesus aus dem Nahen Osten, Verlag Hans-Jürgen Maurer, Frankfurt/M. 2004 (bearb. Neuauflage)

Das Evangelium des Thomas. Die Meisterworte Jesu, übersetzt und kommentiert von Jean-Yves Leloup, Edition Spuren, Winterthur/Ch 2008

Rocco A. Errico (Autor), Hans-Jürgen Maurer (Hrsg.), Mechthild Weber-Bahr (Übers.): Das aramäische Vaterunser. Jesu ursprüngliche Botschaft entschlüsselt, Verlag Hans-Jürgen Maurer, Frankfurt/M. 2006

Kontakt für Fragen, Readings und Ausbildungen

Für Menschen: info@sunriseschule.de/www.sunriseschule.de

Für Tiere: info@tiermedium.de/www.tiermedium.de

Postadresse: Die Sunrise Schule, Postfach 201746,
20207 Hamburg

Telefonzentrale: Die Sunrise Schule Hamburg
Telefon: + 49 40 88150899
Das Büro ist täglich von 9 bis 10.30 Uhr und
19.30 Uhr bis 20 Uhr besetzt.

Die Sunrise Schulen

Hier haben Sie die Möglichkeit, Workshops, Seminare und Ausbildungen zu spirituellen Themen wie z. B. Indianischer Lichtarbeit, Tierkommunikation oder Lichtheilung zu absolvieren. Weiterhin bieten wir ein umfangreiches Programm im Bereich der Heilung, Fortbildung und spiritueller Reisen an.

Das Master Teacher Programm

Das Programm wurde für alle ausgebildeten Lehrer der Sunrise Schule konzipiert.
Ziel dieser Ausbildung ist, den Absolventen der Sunrise Schulen die Möglichkeit und Fähigkeit zu vermitteln, selbstständig Schulungen durchzuführen und Schüler auszubilden. Die Sunrise Schule vermittelt Spiritualität mit einem einzigartigen Spektrum an Wissen von Licht und Energieaufbau und möchte dies an eine stetig wachsende Zahl von Teilnehmern weitergeben.
Weitere Informationen erhalten Sie im Internet und über die oben genannte Adresse.

Bezugsquellen

Feinstes Räucherwerk, ausgewählte Bücher und Edelsteine erhalten Sie über den Versand der Sunrise Schule:
info@sunrise-shop.com/www.sunrise-shop.com
Telefon: 0221-3976 0831

Allegria

The Law of Attraction
Das Gesetz der Anziehung erleben

ESTHER & JERRY HICKS
The Law of Attraction
Gebunden, 256 Seiten
€ [D] 16,90
ISBN 978-3-7934-2124-5

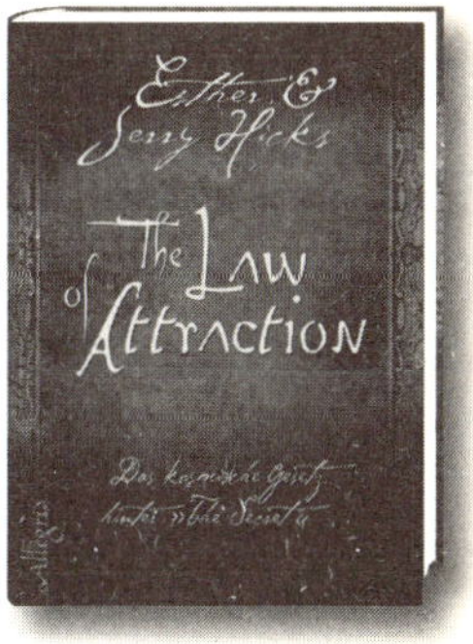

ESTHER & JERRY HICKS
The Law of Attraction
In Action - DVD
€ [D+A] 24,95
ISBN 978-3-7934-2134-4

ESTHER & JERRY HICKS
The Law of Attraction
Das Orakel - Kartendeck
€ [D] 19,95
ISBN 978-3-7934-2159-7

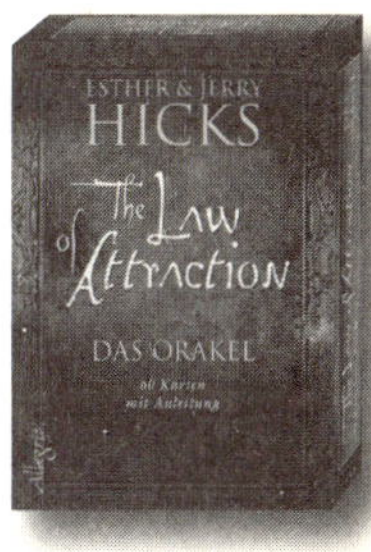

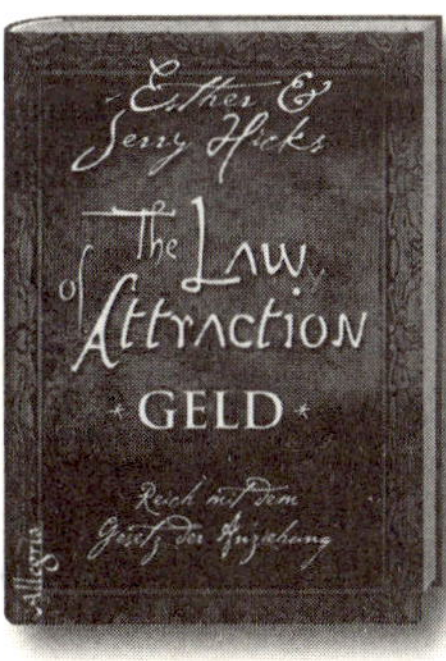

ESTHER & JERRY HICKS
The Law of Attraction –
GELD, Gebunden, 272 Seiten
€ [D] 16,90
ISBN 978-3-7934-2161-0

ESTHER & JERRY HICKS
The Law of Attraction
Das Hörbuch - 3CDs
ca. 190 min
€ [D+A] 19,95
ISBN 978-3-89903-573-5